销售的力量

THE POWER OF SALES

李江 —— 著

机械工业出版社
CHINA MACHINE PRESS

图书在版编目（CIP）数据

销售的力量 / 李江著 . -- 北京：机械工业出版社，
2025. 1. -- ISBN 978-7-111-77146-3

Ⅰ. F713.3

中国国家版本馆 CIP 数据核字第 2024G1S684 号

机械工业出版社（北京市百万庄大街 22 号　邮政编码 100037）

策划编辑：朱　悦　　　　　　　　责任编辑：朱　悦
责任校对：李　霞　张雨霏　景　飞　　责任印制：郜　敏
中煤（北京）印务有限公司印刷

2025 年 1 月第 1 版第 1 次印刷

170mm × 230mm・14.25 印张・3 插页・139 千字

标准书号：ISBN 978-7-111-77146-3

定价：89.00 元

电话服务　　　　　　　　　　　网络服务

客服电话：010-88361066　　　　机 工 官 网：www.cmpbook.com
　　　　　010-88379833　　　　机 工 官 博：weibo.com/cmp1952
　　　　　010-68326294　　　　金 书 网：www.golden-book.com
封底无防伪标均为盗版　　　　机工教育服务网：www.cmpedu.com

前　言

　　2021 年，拙作《华为销售法》出版，受到了广大读者的好评，该书销量目前已近 10 万册，应该是华为系销售主题图书中的佼佼者。

　　几年来，很多读者纷纷留言，希望能够进一步系统地学习华为在销售领域的理论知识与成功经验，我也早有意写一本这方面的书。毕竟《华为销售法》是一本总纲性质的书，该书把华为关于销售全流程的知识与案例分为六章，向读者进行了简要介绍。本书则进一步从精兵、勇将、名帅三个层次出发，讲述了华为打造销售铁军，从而实现业绩增长的底层逻辑。本书可以看作《华为销售法》的姊妹篇。

　　商场如战场，销售团队就如同战场上的军队，军队的职责就是打胜仗。要想打胜仗，就要研究军队的兵、将、帅，因为他们构成了销售铁军。为此，我归纳总结了销售铁军的"兵将帅"

之道。

精兵之道

训练有素，武艺高强。

披坚执锐，令行禁止。

冲锋陷阵，攻无不克。

训练有素，武艺高强， 意味着我们对精兵有着极高的单兵作战能力要求，因此必须对他们进行严格的训练。

披坚执锐，令行禁止， 表明我们对精兵的装备要求严格，必须配备合适的武器。只有当精兵身披铠甲、手持盾牌和武器时，他们才能发挥出最大的战斗力。同时，我们还要求精兵严守纪律，成为销售铁军的一部分，而不是散兵游勇。

冲锋陷阵，攻无不克， 说明精兵的任务就是一线作战，直面残酷的战斗，并在激烈的战斗中取得胜利。

精兵对战斗的胜利负责，是销售铁军的基础。

勇将之道

选拔人才，严格练兵。

谋略有方，临阵指挥。

攻城略地，战无不胜。

选拔人才，严格练兵， 强调的是勇将的核心职责——练兵。只有通过严格的训练，才能锻炼出精锐之师，打造出战无不胜的销售铁军。

谋略有方，临阵指挥，要求勇将不仅要深谋远虑，面对复杂的竞争环境能制定出有效的应对策略，还要能够亲临战场，直接指挥作战。

攻城略地，战无不胜，这是对勇将作战指挥能力的要求。它意味着勇将需要在战场上带领销售团队取得胜利，不断占领市场，从而在战争中取得最终胜利。

勇将就是销售团队的管理者，是销售团队的骨干，扮演着非常重要的角色。

名帅之道

军令如山，赏罚分明。

洞察大局，知人善任。

运筹帷幄，决胜千里。

军令如山，赏罚分明，突出了名帅在建设指挥体系方面的重要性。他们需要确保军令的传达畅通无阻。团队的执行力要强，这样他们才能有效地指挥销售铁军。这样的军队，必然有着清晰的赏罚标准。

洞察大局，知人善任，强调的是名帅应具备了解形势和打胜仗方面的能力。他们需要知道如何培养和使用干部，以便在战争中取得优势。

运筹帷幄，决胜千里，指的是名帅在指挥和制定策略方面的能力。他们需要做好指挥工作，制定出有效的打胜仗策略。

名帅的职责就是确保战争的最后胜利。名帅是销售业务负责人，是销售团队的最高领导，例如销售总经理。

销售铁军的"兵将帅"之道，是我这些年的思考提炼所得，这一体系结合了我在华为和联想的实战经验，以及我从事咨询工作共计近 20 年的经验。本书回答了以下问题：

销售团队中为什么"能打的"不多？能力不够的销售人员为什么成长慢？优秀的销售人员究竟有什么特质？销售人员应该学习掌握什么样的技能？究竟该如何招聘和培养销售人员？

干部在打造销售团队时常常会感到不得要领，多年来团队未能发展壮大，依然像"游击队"一样。优秀的销售人员也难以留住，剩下的往往是那些越来越不愿意投身战斗的老销售人员。面对这种情况，干部怎样才能打造一支能打胜仗的团队呢？干部对于精兵的管理不得法，团队战斗力长期未能提升；团队在新客户开发方面不得力，更多地倾向于维护老客户，依赖旧的业绩。在这种情况下，干部应该如何有效地管理精兵并推动业务的发展呢？

销售团队的干部多年来数量有限，能够带领团队的人才不多。那么，应该如何培养干部，以构建一个猛将如云的团队呢？企业业务多年来发展不如预期，对市场和竞争对手的研究都不够，应该如何通过市场调研确定企业的战略目标，又应该以什么样的策略来完成经营计划呢？同时，应该如何实现公平的考核与激励？

本书有助于企业创始人、企业高管、销售团队管理者深刻理解"商场如战场"的道理，通过了解销售铁军的"兵将帅"之道、了解销售铁军的打造原理，提升在商战中取得胜利的能力。

今天，建设属于自己企业的销售铁军，从而保持稳定、健康、持续增长，是非常重要的。我也希望拙作能助力读者进步，祝福各位能够打造销售铁军，在商战中所向披靡，战无不胜。

目录

前言

第一部分　精兵之道

导语   1

第一章　To B 销售基本认知   2

　　第一节　To B 销售的本质   2

　　第二节　销售人员的素质   5

　　第三节　销售人员的成长路径   9

第二章　To B 销售基本功   14

　　第一节　介绍宣传   15

　　第二节　挖掘和引导客户需求   21

　　第三节　建立信任关系   27

　　第四节　成交并维护客户关系   29

第三章　To B 客户关系运作 　31

　　第一节　To B 项目的客户关系 　31

　　第二节　客户销售"三板斧" 　47

第二部分　勇将之道

导语 　59

第四章　销售团队组建与训练 　60

　　第一节　销售人员招聘 　60

　　第二节　销售人员培训 　76

第五章　销售业务管理 　89

　　第一节　销售项目运作 　89

　　第二节　销售会议管理 　96

　　第三节　优化 CRM 　115

第六章　打造销售铁军 　129

　　第一节　销售铁军的重要性 　129

　　第二节　销售铁军的标准 　132

　　第三节　打造销售铁军六步法 　134

第三部分　名帅之道

导语 　143

第七章　建设销售管理体系 　144

　　第一节　业务模型分析和销售组织设计 　144

第二节 　销售打法设计与销售打法书 　　　　155

第三节 　建设销售管理部 　　　　166

第八章 　提升组织能力，打造常胜之师 　　　　172

　　第一节 　组织能力建设 　　　　172

　　第二节 　打造销售铁军系统 　　　　177

　　第三节 　干部团队建设 　　　　186

第九章 　赏罚分明，做好考核与激励 　　　　202

　　第一节 　公平高效，基于业务的考核体系设计 　　　　202

　　第二节 　赏罚分明，导向胜利的激励制度设计 　　　　214

PART 1

第 一 部 分

精兵之道

导语

精兵是作战团队的基本单元，是军队的核心组成部分，其重要性不言而喻。在华为，那些直接面对客户、针对具体项目进行攻关、以中标为最终目标的员工，就是我们所说的销售人员，也是本书所称的"精兵"。

因此在销售铁军的"兵将帅"之道中，对精兵的工作职责要求是：训练有素，武艺高强；披坚执锐，令行禁止；冲锋陷阵，攻无不克。

训练有素，武艺高强，意味着我们对精兵有着极高的单兵作战能力要求，因此必须对他们进行严格的训练。

披坚执锐，令行禁止，表明我们对精兵的装备要求严格，必须配备合适的武器。只有当精兵身披铠甲、手持盾牌和武器时，他们才能发挥出最大的战斗力。同时，我们还要求精兵严守纪律，成为销售铁军的一部分，而不是散兵游勇。

冲锋陷阵，攻无不克，说明精兵的任务就是一线作战，直面残酷的战斗，并在激烈的战斗中取得胜利。

精兵对战斗的胜利负责，是销售铁军的基础，本书将从销售人才"精兵"的成长开始谈起。

第一章　To B 销售基本认知

第一节　To B 销售的本质

销售的本质是什么？

常见的理解是"销售就是把东西卖出去，把钱收回来"，或者"产品没那么好的时候就需要销售"，再或者"销售是说服的艺术，会影响他人决策"。

然而，读者真正需要理解的是：销售是一项利他的工作，要为客户创造价值，要让客户满意。"满意"的内容包括公司的产品和销售人员的服务，甚至销售人员要对他们有心理上的帮助。

我们首先需要明确 To B（面向企业客户）销售和 To C（面向个人客户）销售的区别。

　　C 端客户的采购一般围绕个人生活、工作所需，主要涉及衣、食、住、行；属于个人客户的采购行为，是否消费基本由个人决定；日常采购没有明显的周期性，随机采购、零星采购居多。因此，C 端客户的采购特征可以总结为三点，即个人事务、决策链简单、不规律采购（见图 1-1）。

图 1-1　C 端客户的采购特征

　　B 端客户的采购特征与 C 端客户恰恰相反。首先，B 端客户的采购主要基于机构或者组织的业务需求，采购量大，单个订单金额从小额的万元左右到巨额的亿元级，甚至会更高。这种需求通常具有周期性，以年度或季度为单位进行循环采购。因此，B 端客户通常期望与供应商建立长期且稳定的合作关系。这也导致 To B 项目招投标流程严格，决策过程谨慎，决策链复杂；项目采购一般要经过内部讨论后立项、设计预算，预算审核通过后，进入招标流程。同时，由于 B 端客户采购的产品多用于机构或组织，对产品的性能和指标有严格的要求，并对参与投标的公司的资质、准入条件、实力和成功案例有特定要求。B 端客户的采购特征同样可以总结为三点，即机构事务、流程复杂、长期重复采购（见图 1-2）。

图 1-2   B 端客户采购特征

　　基于上述这些特征，对 B 端客户来说，一旦更换供应商，就需要进行大量调查、沟通和磨合，因此他们非常重视作为供应商的乙方，对乙方的要求非常严格，并希望在合作过程中获得长期的、满意的服务。

　　对一个大企业来说，找到优质的乙方十分重要，乙方出问题对甲方的影响非常大。毕竟，乙方提供的价值 1 亿元的产品有可能影响甲方几百亿元的生意。为了保证供应链健康，甲方通常不会只找一个乙方，而是会找多个乙方做备选，这就是甲乙方之间的博弈。比如，苹果公司是富士康的客户，苹果公司作为甲方，希望富士康是能够长期合作的乙方，并且它有多个"富士康"做备选。

　　B 端客户的特殊性，决定了 To B 销售人员需要具备与 To C 销售人员不同的态度和能力。

　　在正式接洽 B 端客户项目前，To B 销售人员（后文中称"销售人员"）要建立以下几点最基本的认知。

　　第一，销售是为客户创造价值。销售不但要卖产品给客户，而且要为客户创造价值，同时要在各方面让客户满意，让他们愿意与销售人员形成长期合作。

第二，销售人员需要与客户建立互信关系。由于客户需要长期采购，销售人员在开发新客户时，应注重建立互信关系，着眼于长期合作，而非急于求成。因此，销售人员从接触客户时就要谨慎小心，通过各个细节来证明自己是专业的，是可以信任的。即使一时打不开局面，也不要灰心，要持续攻关，建立客户关系，等待机会。例如，华为在海外的运营商市场，一般需要持续努力三年左右才能打开一个，第一年往往只能认识客户的基层干部。

第三，销售人员需要时刻注意客户满意度。签订合同只是合作的开始，真正的挑战在于项目的顺利交付。只有当客户对项目成果感到满意时，他们才会考虑与销售人员建立长期的合作关系。因此，销售人员需要时刻注意客户满意度，不要以为合同签了就万事大吉了。面对 B 端客户，一旦发现出了问题或有不满情绪，销售人员应及时处理问题，否则，一旦事态扩大，客户可能中断合作。因此，及时有效的沟通和问题解决是维护客户关系和保持合作稳定的关键。

第二节　销售人员的素质

理解了 To B 销售的特点之后，销售人员的心理建设就自然而然形成了。切记，不要抱有"今天我又要出门卖东西了"的想法，拥有这样的心态难以成为优秀的销售人员。相反，销售人员要带着这样的想法去见客户：我的产品和服务能帮到你，所以我要介绍清楚它们是怎样给你创造价值的，我想和你长期合作、共同发展。

销售工作的核心是利他精神，即通过帮助客户解决问题，实现长期合作。优秀的销售人员特别注意和客户共同成长，他们相信自己的产品和服务能够促进客户的成长和发展。所以，他们面对客户，并不急于完成交易，而是希望成为客户的朋友和顾问，建立双方的信任。他们致力于把这段关系发展成为长期合作，认为客户的成功也是他们的成功，实现双方共赢。

在过去近 20 年中，我在华为以及辅导的客户公司面试过 2000 余人，多次从零开始组建团队、带领团队发展业务，所以我对"一个人是如何成长的，一个人的能力是如何获得的"有很深的感受。

基于这些实战经验，我发现优秀的销售人员的素质非常明显，一共有六点（见图 1-3）。

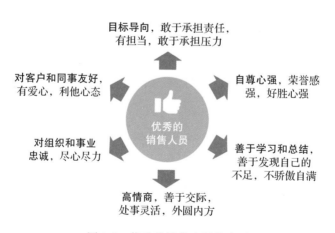

图 1-3   优秀的销售人员的素质

第一，目标导向。优秀的销售人员清楚目标在哪里，他们目标感特别强烈，时刻想着如何完成任务，能够把目标细化为具体的步骤，并能充分利用手头资源实现目标。因此，他们经常会展现出对成功的渴望，甚至有时显得野心勃勃。

第二，自尊心强。优秀的销售人员通常具备较强的自尊心和好胜心，他们自信满满，面对质询和怀疑敢于正面回应，并且应对得体。在面试过程中，我们可以观察到这一点。我在面试销售人员时，会有意地挑衅对方："你做得好像不怎么样，业绩也一般。"我们通过观察候选人的反应是不是自信、够不够沉稳，以及回答是不是得体等方面来判断其是否适合这一岗位。

第三，善于学习和总结。优秀的销售人员往往更加谦虚，他们拥有空杯心态，能够长期保持学习状态。我辅导过不同行业的多家公司，发现这些公司的销售冠军都有一个共同点——不骄不躁、诚恳好学。每次我去客户公司辅导时，他们都会主动与我沟通，还会积极参加其他同事的经验分享会，认真学习与反思。

第四，高情商。所谓的高情商，并非油嘴滑舌、左右逢源，而是态度真诚、言语得体，能够共情他人。高情商的人能以恰当的方式与人交往，让对方如沐春风，并能够在和谐的氛围中达成自己的目的。

第五，对组织和事业忠诚。实际上，我见过的销售老兵都是坦诚实在的人，他们凡事从大局出发，不搞小动作。俗话说："路遥知马力，日久见人心。"在真实的商业场合中，油嘴滑舌、无信善变的人，很快就会被淘汰。相反，那些踏实诚恳、说到做到的人更容易得到认可，也会越来越成功。

第六，**对客户和同事友好**。销售工作的核心在于利他精神。简而言之，就是"我能给客户带来价值，能帮到客户"，这也是华为所倡导的"以客户为中心"理念。优秀的销售人员不仅对客户如此，他们往往对自己的同事同样礼貌友好，是同事中的"明星员工"。

以上六点是优秀的销售人员共同拥有的素质。**但在不同的业务发展阶段，企业对销售人员的角色要求会有所不同。**

在产品刚面市时，客户群体和成交方式尚不清晰，此时销售人员应扮演**市场拓展人员**（企业招聘中这个细分岗位通常叫市场 BD 或商务 BD）的角色。他们能够找机会、找客户、找模型，从而摸索出成功的样板，完成从"0"到"1"的转变。在这个阶段，销售人员要嗅觉灵敏、善于思考、善于交际、善于抓住机会，而且要结果导向，能够抓住关键机会，实现市场突破（见图 1-4）。

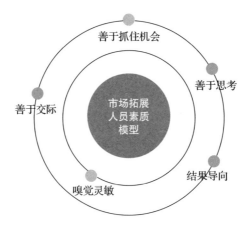

图 1-4　市场拓展人员素质模型

产品进入相对稳定阶段之后，销售人员已经明确了产品的客户群体，接下来要做的是挖掘更多客户，拿下更多订单，实现从"1"到"100"的复制。在这个阶段，销售人员需要扮演客户经理的角色，要善于学习、敢于承担压力、善于建立和发展客户关系、结果导向（见图 1-5）。

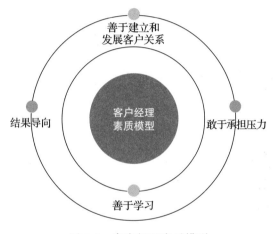

图 1-5　客户经理素质模型

销售人员扮演角色的素质模型是支撑销售团队培训、招聘和管理工作的核心内容，不同行业、不同岗位、不同企业的销售岗位素质模型，在本节的通用模型的基础上会有所变化。在本书的第四章，我将详细讲述不同公司的岗位要求是怎样形成的。

第三节　销售人员的成长路径

销售人员的成长路径分为五个阶段（见表 1-1），每次阶段的提升都代表着一次质的飞跃。

表 1-1　销售人员的成长路径

	阶段	特点	成长周期
一	手中无剑，心中无剑	对业务一无所知，缺乏方法和工具	0～6 个月
二	手中有剑，心中无剑	对业务较为熟悉，缺乏实战经验	3～6 个月
三	手中有剑，心中有剑	熟悉业务和方法，但易自满	2～3 年
四	手中无剑，心中有剑	掌握销售技能，但急于成交	无限期
五	手中无剑，心中无剑	销售技能炉火纯青，成交于"无形"	无限期

第一阶段：手中无剑，心中无剑。这个阶段是指新员工入职公司后，对业务一无所知，没有开展业务的方法和工具。此时他不知道怎么做，也不知道如何做好。在这一阶段，管理者要做好新兵培训，帮助他们融入团队，塑造他们的价值观，培养他们的执行力。

第二阶段：手中有剑，心中无剑。经过一段时间的培训学习，新员工了解了产品是什么、客户是谁。公司提供的销售工具（如《产品手册》）是他手里的剑，但他还没有套路，就像还没上过战场的新兵，跃跃欲试但没有实战经验。在这一阶段，管理者依然要重视培训工作，不断模拟演练实战，通过训战结合提升销售新兵的能力。

第三阶段：手中有剑，心中有剑。销售新兵们通过背诵方法论和《产品手册》、学习前辈经验，打了一些仗，也获得了一些成功，慢慢做了几单后，有了些许自信，成了销售老兵。需要注意的是，这个时候销售新兵特别容易自负，很多人的成长也就到这一步为止了。他们觉得自己做得挺好，就不再进步了，从而限制了职业发展。管理者要适时发现问题，给予点拨，防止销售老兵变成"老油条"。我的经验就是让这些老兵带队伍，让他们继续成长为管理者。

第四阶段：**手中无剑，心中有剑**。经过不断地练习，几年下来，销售老兵已经完全掌握了销售技能，产品知识也融会贯通，对什么时候该说什么内容完全明了。这个时候销售老兵和客户交流，已经没有了销售套路，非常自然，但是他们心里还有一把剑，剑上面写着"成交"两个字。别看他们表面上与客户谈笑风生，举手投足非常轻松，其实心里一直想着"怎么还不成交"。

第五阶段：**手中无剑，心中无剑**。这是销售的最高境界。在这个阶段，销售人员心中连"成交"两个字也忘了，他们可以轻松自如地展现销售技能，每句话都是在推销，但又不露痕迹。他们能够非常自然地跟客户交流，而不是急于达到成交目的，客户在交流过程中感到很舒服，会自然地产生信任，成交也就水到渠成了。

在销售人员成长的五个阶段中，每提升一个阶段，都会有部分人员被淘汰。以我的经验，第一阶段通常是新人入职，而要达到第二阶段，一般需要3～6个月；继续上升到第三阶段，则通常需要2～3年的实战锻炼。在第三阶段，销售人员的水平相当于销售经理，只有佼佼者才能继续上升到第四阶段，即销售总监级别，能达到第四阶段的销售人员比例并不高，这个阶段的修炼时间为无限期。极少数人能继续上升到第五阶段的最高境界，此时无招胜有招，这一步飞跃需要实际工作的锻炼以及自我修养的不断完善，所需时间更为漫长，且没有固定的时间表。

纵观销售人员的整个成长过程，对新人来说，第一单尤为关键。通常情况下，销售新兵经过培训后会觉得自己已经掌握了销售技能，但在实战中往往会遭遇挫折。经过不断地尝试和碰壁，在他们拿下了第一单之后，便从第二阶段上升到了第三阶段。

如果你是团队的领导，你需要特别关注员工的第一单，并且一定要给予特别的奖励。比如，你可以为他开一场庆功宴，并且让他向团队成员分享他是怎么搞定客户的。这样做有三个显而易见的好处。

第一，树立信心。这位销售新兵分享后，会觉得自己是一个正面标杆，因而提高对自己的要求，不好意思松懈。这时，你作为管理者要"逼迫"他成交第二单、第三单……逐渐成长，直到有一天可以带团队。

第二，塑造团队文化。饭桌上大家其乐融融，实际上每个人心理都在发生变化，有的人会想："他都能成交这一单，还能分享经验，我也可以。"压力就给到了所有人。等到下一次，又有同事开单，大家又一起庆祝，剩下的人更坐不住了。等到所有人都快分享完了，最后的几个人要么逼迫自己赶紧出成绩，要么主动转岗，他自己没话说，就找不出借口，而其他人也会觉得我们是个优秀的团队，所有人都应该向优秀者看齐，这样整个团队就会从"兔子"的团队变成"狼"的团队。如果一个团队"狼多兔子少"，"兔子"只有两条路——要么离开，要么想办法变成"狼"，团队文化就是这样形成的。

第三，沉淀经验。等团队的每个成员都分享过经验之后，将每个人的经验汇总，就形成了《××企业销售打法书》。这本材料就是第一版企业内训教材，需要企业内的每一个销售人员掌握。

因此，销售人员的成长是一个循序渐进的过程，他们需要通过不断地实践和反思来提升自己的能力和水平。如果你是管理者，就要关注每一个团队成员的成长，为他们提供必要的支持和资源，帮助他们克服困难和挑战，最终实现个人和团队的共同成长。

第二章　To B 销售基本功

在树立了对 To B 销售的正确认知后，我们接下来将正式探讨 To B 销售基本功。

一般来讲，To B 项目从接触客户到成交可以分为四个步骤（见图 2-1）：介绍宣传、挖掘和引导客户需求、建立信任关系、成交并维护客户关系。把这四个步骤做好，就是我们对精兵工作的基本要求。

图 2-1　从接触客户到成交的四个步骤

第一节 介绍宣传

第一步是在刚开始接触客户时，从陌生到认识的过程。在这一步中，重要的是让客户了解自己，并建立良好的第一印象。通过你的介绍，让客户了解你的公司以及公司的产品。第一次拜访非常重要，因为第一印象一旦形成，就很难改变。因此，做好第一次拜访是To B销售基本功，就像学习中国武术必须先练习扎马步，这也是为什么我们要反复训练精兵的拜访技巧。

一、拜访前的准备工作

拜访之前，销售人员需要做好三项准备工作（见图2-2）。

图2-2 拜访前的准备工作

第一，**准备材料**。销售人员要根据此次拜访的目的，准备好相应的材料，包括公司介绍、产品介绍文件。如果需要展示样品，则应一并携带。此外，还应该准备公司的小礼物、自己的名片等。

第二，**调查客户**。拜访之前销售人员要做好客户调查，包括调查客户的姓名、年龄、职位、背景等。例如，客户A在一家民企工作，40多岁，总监级别，有留学经历。结合客户的部门岗位、从业经历、教育背景，销售人员在见到这个客户之前就能大概做出一个预判，并准备相应的话题。

第三，**商务礼仪**。拜访之前销售人员还要学习商务礼仪。商务礼仪是精兵培训的必修课，包括举止谈吐、外貌衣着等方面。例如，注重礼节，发型要修饰，指甲要干净，妆容要合适，正式会议穿正装等。

二、拜访客户的十个步骤

真正拜访客户时，有十个步骤需要完成（见图 2-3），每一步都有其注意事项，我们可以在公司的销售培训里将销售人员分组，每组三人，分别扮演销售人员（拜访人）、客户（被访人）、点评人，然后循环演练。

图 2-3　拜访客户十个步骤

第一步是**敲门**。销售人员敲门，客户回应后推门进入，然后充满自信地走向客户。这个过程中销售人员眼神要坚定从容，一举一动要轻松自信。

第二步是**握手**。握手要简短有力，如果客户伸出双手，销售人员也要伸出双手回应，牢记商务礼仪。

第三步是**交换名片**，并进行自我介绍。在交换名片时，应用双手递出名片，以示尊重。自我介绍作为开场白，需要精心设计，很多人都忽视了这件事。自我介绍的原则是简洁明了，在三句话以内突出自己的标签。如果销售人员是中高级职位，那么应该让客户一听就明白这个职位的分量，比如："你好，某总，我是某某，在公司负责某某区域业务。"如果销售人员是初级职位，则要适当放低身段，自我介绍时注重自己的独特性，如轻松幽默、会调节气氛，进而给客户留下印象，比如："您好，某总，我是小李，负责这个项目。我在过去几年里一直是销售冠军，我的客户们给我起了个绰号'李冠军'，很高兴认识您，请多多关照。"

每个人都要掌握这种自我介绍方式，提前提炼自己的亮点，哪怕不是一线销售人员也要这样做。举个例子，小王是销售助理，他在接待客户时就可以这样介绍自己："徐总您好，我是小王。我在公司担任销售助理，每天处理几百万元的订单，每年累积下来有好几亿元，从来没有出过错。"徐总听了眼前一亮，认为和小王打交道可能不会出什么差错，进而加强对整个公司的信赖。

第四步是**落座**。落座的时候要注意，主人一般有习惯的座位，销售人员让客户先落座，稍等一下，客户示意后再坐。

第五步是落座后的**寒暄**。寒暄的宗旨是赞美,然而,许多人将赞美等同于"拍马屁",这实际上是一种误解。赞美应源自内心,真心认为对方具有某种特质;拍马屁则往往带有夸张和虚假的成分。销售人员要避免做拍马屁的行为,因为这可能会引起客户的反感。相反,真诚的赞美往往能获得客户的认可。为了能够由衷地赞美客户,销售人员在见面之前应当对客户进行一定的了解,比如他最擅长什么、最关心什么。举个例子,销售人员去见客户前得知他以前负责过某一区域的业务,见到客户之后销售人员发现对方很有礼貌但有些疏离,销售人员可以说:"我听说您负责某区域的业务,做得很好。"客户听到你这么了解他,一般会接话开始讲述自己的光辉经历。见面后最开始的三分钟是非常关键的,如果话题点到位的话,很快就能打开客户的心扉,开启一段合作。

第六步是**产品介绍**。产品介绍要遵循 FABE 原则(见图 2-4),FABE 是四个英文单词首字母的缩写,分别代表特征、优势、利益、证据这四个关键词。

图 2-4   FABE 原则

F——**特征**,说明产品的特质、特性等基本功能。对 To B 市场的产品而言,最常见的是各类性能指标,以及指标所表明的功能特质。例如，电脑产品的CPU品牌以及CPU主频、硬盘、内存的参数等。

A——**优势**，重点说明商品特性究竟发挥了什么功能，这里可与同类产品比较说明。例如，介绍手机产品时可以这样说明："我们这个系列的手机续航时间长达48小时，远远长于同类产品，特别适合商务人士。"

B——**利益**，说明产品的优势能带给客户的利益。以客户为中心，通过强调客户可以得到的利益来说服客户购买。例如："我们这款供电系统能为贵司每年节省电费200万元。"客户一听便能理解这款产品带来的好处——他可能对产品技术不甚了解，甚至听不懂技术细节，但当销售人员直接告诉他产品能为他带来的利益时，他立刻就能理解并产生兴趣。

E——**证据**，包括成功案例、技术报告、客户的表扬信、报刊文章、照片等。所有作为证据的材料都应具备客观性、权威性、可靠性和可见证性。在证据中，有两种材料效果显著，是必不可少的：一种是成功案例，尤其是目标客户所在行业或相关行业的案例，销售人员应按行业分类整理成册；另一种是客户的表扬信，销售人员可以邀请公司的忠实客户撰写一封表扬信，表示认可公司的产品和服务，并加盖客户的公司公章。这样的表扬信越多越好，同样可以汇编成集，向目标客户展示。当客户打开厚重的《成功案例集》和《表扬信集》时，他们更容易被说服。

在使用FABE原则时，沟通的顺序至关重要。销售新兵往往一开始就照本宣科地背诵产品说明书，只顾着说产品的性能指标，却忽视了客户是否对这些指标感兴趣或能否理解它们。

相比之下，经验丰富的销售老兵通常会先讲利益（B），因为这是客户最感兴趣且最容易理解的。在客户对产品带来的利益产生兴趣之后，他们会接着展示证据（E），通过真实的案例和数据来证明产品的好处。这样，客户会更加信服，并可能提出更多的问题。这时，销售老兵就会抓住机会，介绍特征（F）和优势（A）。这样的销售过程会更加流畅，节奏完全掌握在销售老兵手中。

第七步是**探询需求**。交流关键在于倾听，正所谓"高手爱听，新手爱说"。通过倾听，销售人员可以了解客户需求，挖掘更深层次的需求。在掌握客户需求之后，销售人员应开始引导客户的需求，即引导客户朝公司具有优势的方向思考，为提出阶段性的方案做铺垫，并强调公司的产品及服务的重点和优势。在下一节中，我将详细介绍如何用提问的方式挖掘和引导客户需求。

需要说明的是，产品介绍和探询需求往往是交叉进行的，销售人员不应该只机械地介绍产品，而忽视了客户的反应。

第八步是**提出阶段性方案**。第一次拜访的时间最好不要超过20分钟。由于是初次见面，双方都不熟悉，第一次拜访的主要目标是与客户见面，留下良好的第一印象，并且建立联系，做完这些基本任务就算完成了。如果交谈时间过长，由于一开始对客户还不够了解，一旦出现疏漏，现场补救的效果可能不佳。俗话说"一回生，二回熟"，销售人员这次达到目的后应尽快结束拜访，以后再进行拜访时，双方就会更熟悉，这样就能逐步发展并维护好客户关系。

第九步是预约下次。在结束会谈前，销售人员需要为第二次拜访预设理由。在离开之前，销售人员会提出阶段性方案，并提醒客户自己会对方案进行再次细化，制定一个行动计划表，以保持与客户的沟通。

第十步是拜访后。拜访后要及时反馈信息，保持联系。第一次拜访结束后，应在当天或第二天通过微信或邮件与客户保持联系。后续，当方案有细化和调整时，应及时通知客户，并礼貌地预约客户的时间，询问客户何时方便进行下一次会谈，同时为下次会谈做好准备。

第二节　挖掘和引导客户需求

在 To B 销售中，成交的前提是客户有明确的需求。在实践中，我们会发现很多销售人员虽然熟悉公司的产品手册，却不知道如何将客户需求与公司的产品或服务相匹配，甚至认为公司的产品不适合客户，这表明他们并未理解客户的真正需求。

优秀的销售人员不仅能挖掘客户的需求，还能影响和引导客户的需求，从而形成的解决方案更容易让客户满意。通常我们会采用 SPIN 销售法来实现这一目的，它是一种用于挖掘客户需求的万能方法。你可能听说过 SPIN 销售法，但还不能熟练运用它。在本节中，我们将通过一个案例来深入探讨如何引导需求。

一、什么是 SPIN 销售法

SPIN 销售法是由哈斯维特公司的销售咨询专家尼尔·雷克汉姆及其研究小组通过对 35 000 个销售案例进行广泛调查研究而开发出来的。通过对能高效成交大额订单的销售人员进行研究，总结提炼出了 SPIN 销售法，这一方法适用于绝大多数 To B 行业的销售项目。

SPIN 指代四种问题类型。在整个销售过程中，如果将以下四种问题配合使用，可以达到挖掘和引导客户需求的目的。

S——背景问题（situation question）。背景问题旨在找出客户现状、背景和正在做的事情。例如："在这个地方你雇用了多少人？你能告诉我这个系统的大致情况吗？"

P——难点问题（problem question）。难点问题涉及客户当前面临的问题、困难和心存的不满。例如："你在哪些操作上有困难？这个系统的哪个部分出现了问题？"

I——暗示问题（implication question）。暗示问题用于发掘客户的难点、困难或不满可能造成的后果和影响。例如："那个难题对你的销量有什么影响？会导致成本增加吗？"

N——需求效益问题（need-payoff question）。需求效益问题用于发掘销售人员所提供解决方案对客户的价值或意义。例如："应用一种更节能的系统对你有什么帮助？如果我们这样做，你能节约多少钱？"

SPIN 销售法通过提问技巧和有条理的谈话提供了一种全新

的营销理念和方法。它帮助销售人员发现客户的真实情况，引导客户说出隐藏的需求，放大客户需求的迫切程度，并揭示自己的产品或解决方案的价值和意义，从而使客户的收益最大化，促成销售。

SPIN 销售法的提问通常是连续的，以背景问题开始来建立背景信息，接着用难点问题发现困难，然后用暗示问题充分挖掘问题的严重性，最后用需求效益问题让客户告诉销售人员解决方案的价值。然而，SPIN 销售法的提问顺序并不是僵化的，要想让它发挥出应有的威力，需要灵活运用。这就需要销售人员不断地练习。

二、难点突破：如何通过提问挖掘并引导需求

在 SPIN 销售法中，大部分销售人员在提问背景问题和难点问题方面做得比较好，而优秀的销售人员与一般销售人员的主要区别，就在于对暗示问题的把握上。特别是在说服最终决策者时，暗示问题的效果尤为显著，因为针对最终决策者的销售依赖于透过难点问题看到冰山下的隐含需求，并通过需求效益问题的挖掘将隐含需求转化为明确需求。明确需求才是客户最重要的购买信号。

下面，我们通过一个案例，探讨 SPIN 销售法中暗示问题的威力。

【背景描述】

某通信设备公司的销售人员小张和小李前往一家主营电话客

服业务的客户公司推销软交换系统。他们对需求的挖掘程度不同，导致了客户在采购倾向上的差异。下面是他们分别与客户对话的过程。

【事件过程】

小张：你们用的是 B 公司的用户级交换机（PBX）设备吗？

客户：是的，我们有 10 台这样的设备。

小张：（难点问题）客服人员操作起来方便吗？

客户：（隐含需求）程控交换设备的确很难操作，但我们已经培训过他们如何使用了。

小张：（提供解决方案）我们的软交换系统可以解决 PBX 难以操作的问题。

客户：这套系统需要多少钱？

小张：大约 100 万元。

客户：（惊讶）100 万元？仅仅是让 PBX 更便于操作？

小张发掘了一个小的隐含需求：传统 PBX 操作难度大。但解决这个问题是否值得客户花 100 万元，问题的迫切程度与花费的代价是不平衡的。如果价格是 1 万元，客户的反应可能就不会如此消极了。

我们看一下小李是如何引导客户的。

小李：（难点问题）客服人员用起来有困难吗？

客户：（隐含需求）这种 PBX 确实很难操作，但我们已经培训过客服人员如何使用了。

小李：（暗示问题）你说 PBX 很难操作，那么它对你们的客户满意度是否有影响?

客户:(认为是个小问题)有影响,但是不大,因为我们特别培训过 20 个人如何使用 PBX。

小李:(暗示问题)如果你们只培训了 20 个人如何使用,那不会产生呼叫瓶颈吗?

客户:(仍然认为这不是一个很重要问题)不会,只有在新业务上线之后、售后问题集中爆发,我们需要临时增加客服人员时才会有麻烦。

小李:(暗示问题)看起来你们只有在话务量临时增加,缺少受过培训的客服人员时才会有困难,是这样吗?

客户:(承认是一个比较大的问题)是的,一般人不喜欢使用这种 PBX,而客服人员通常都不会工作很长时间,需要三班倒。

小李:(暗示问题)这种人员变动能增加多少培训费用?

客户:(看到了更多的问题)一个客服人员需要几个月才能熟练操作 PBX,这期间工资和各种福利一共需要大约 20 000 元。此外,我们要支付 50 000 元给 B 公司,这是新客服人员在该公司的上海工厂接受实地培训的费用,还需要 5000 元的差旅费,所以每培训一个客服人员要花 75 000 元。到目前为止,今年我们至少培训了 10 个客服人员。

小李:所以在不到半年的时间里,你们已经花了超过 75 万元用于培训了。(暗示问题)虽然在半年中你们已经培训了 10 个人,但是你们要三班倒,那么就不会同时有 20 个客服人员一起工作,这又使话务量降低了多少呢?

客户：并不多。出现瓶颈时，我们会说服客服人员加班工作，或者我们把工作外包出去。

小李：（暗示问题）加班不会增加成本吗？

客户：（意识到了问题是相当严重的）是，加班工资是平时的2倍。即使有额外的报酬，客服人员仍然不愿加班，而且经常加班也许是客服人员离职率如此之高的原因之一。

小李：（暗示问题）我想把工作外包出去同样会增加成本，但这并不是把工作外包出去的唯一问题，应该还存在其他的问题，比如客户满意度是否会受到影响？

客户：这也是我最不满意的一点。我们对自己客服中心有严格的监督制度，但外包时，服务质量只能由对方控制，我们只能听之任之了。

小李：（小结）从你所说的这一切中我可以知道，因为你们的PBX很难操作，致使你们已经花了几十万元的培训费，并且又为很高的客服人员离职率付出了巨大的代价。在话务量上又存在瓶颈，这又使得你要支付很高的加班费，并且不得不进行服务外包。外包又不能令人满意，因为他们不能保证服务质量。

客户：这么说来，这些PBX的确存在严重的问题。

在上述案例中，小张和小李，谁更有可能成交呢？答案一目了然。小李能把客户认为的小问题不断放大，大到客户认为，不更换系统带来的成本足以覆盖他的收益，而解决问题的紧迫程度超过了衡量解决问题的成本代价。

总结一下，通过对客户项目背景的了解，销售人员能够发现客户所面临的困难以及需要解决的问题，从而提出暗示问题以便发现客户更深层次的需求。通过不断地提问和交流，在让客户理解、认可其隐含需求后，销售人员可以把客户的隐含需求变成明确需求，然后针对这个明确需求陈述解决方案的有效性，从而促成交易。图 2-5 是 SPIN 销售法流程。

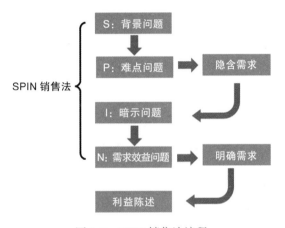

图 2-5　SPIN 销售法流程

第三节　建立信任关系

销售人员在介绍了自己以及公司的产品和服务，了解了客户需求，并提供了解决方案之后，接下来的步骤至关重要：确认客户是否对自己产生了信任。信任是成交的前提，一旦建立了信任，成交就会变得顺理成章。

客户建立信任主要有三个要素（见图 2-6）：公司实力、产品价值、个人品牌。

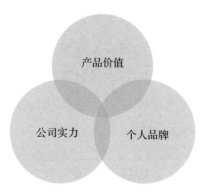

图 2-6　客户建立信任的三个要素

一、公司实力

对大公司的销售人员来说，销售工作相对容易。客观上，公司的品牌起到了推介作用，客户在心理上的接纳程度较高，信任度也相对更高。相反，如果公司规模较小，客户自然会表现出犹豫，犹豫的主要原因是对公司不了解。在这种情况下，销售人员需要引导客户将注意力转向产品价值，即推介公司的产品和服务。

二、产品价值

产品价值的塑造方法遵循前面讲解过的 FABE 原则，在产品手册设计、解决方案撰写、销售话术构思等各个方面，与客户需求紧密结合，以达到打动客户的目的。务必突出价值，强调给客户带来的利益，力求做到"一句话打动人"。

三、个人品牌

客户对销售人员个人印象的好坏对销售进展有着重要影响。只有当客户感觉和销售人员相处融洽时，才会愿意进一步接触，从而产生信任并达成合作。因此，销售人员的个人修养同样重要。许多人误以为高谈阔论或油嘴滑舌是销售能力的体现，实际上，客户更看重的是销售人员的踏实、稳重、实干和守信。

此外，销售人员要用自己的成功案例和业绩来说服客户，包括过往服务了多少客户，完成了哪些值得骄傲的项目，以此证明自己的可靠性和能力。如果还是个新人，成功案例不多，那么表达出自己的诚意和决心同样能够说服客户。

第四节　成交并维护客户关系

在客户对销售人员产生信任之后，销售人员应趁热打铁促成交易，这时便进入了第四步"成交并维护客户关系"。

成交标志着客户关系的真正开始。只有成交之后，销售人员与客户之间的合作才算是正式展开。

对 B 端客户而言，他们通常进行长期采购，因此第一单交易往往只是合作的起点。同时，维护良好的客户关系对于建立良好口碑、积累成功案例至关重要，这些都将作为说服目标客户的强有力证据。更重要的是，满意的客户还可能为销售人员推荐新客户，从而形成良性的客户增长循环。这就是在成交之后，提供优质的客户服务和维护良好的客户关系至关重要的原因。

成交之后，销售人员维护客户关系有三个关键点。

第一，确保项目的顺利交付。销售人员应持续跟进项目的交付进度，定期与公司的供应链部门沟通，了解产品的生产排期是否正常、元器件供应是否正常等，确保质量和工期，以满足客户需求。许多销售人员在签单后容易忽视这一环节，认为自己的工作已经完成，导致在项目交付出现问题时，客户满意度下降、信任度降低，为后续合作埋下隐患。

第二，定期回访客户。回访可以通过电话或邮件进行，每隔一两个月进行一次，以保持与客户的联系，让他们感受到关怀，比较安心。

第三，提供优质的售后服务。在售后服务周期内，如半年或一年，一旦客户遇到任何问题，销售人员应迅速解决，比如派遣技术支持人员到现场处理或安排维修团队等。这样的服务能让客户感受到销售人员始终将客户利益放在首位，恪守承诺，从而帮助销售人员树立起良好且职业化的形象。

最后，让我们来总结一下：介绍宣传、挖掘和引导客户需求、建立信任关系、成交并维护客户关系，这四个步骤紧密相连，构成了 To B 销售从接触客户到成交过程的核心。销售人员需要不断地提升自己的技能，而企业管理者也应提供充足的培训机会和销售方面的支持，以帮助销售人员更好地完成这些步骤，实现成交。

第三章　To B 客户关系运作

第一节　To B 项目的客户关系

"客户关系是第一生产力"是华为的指导思想。

在本章中，我将介绍 To B 项目中客户关系的基本逻辑、理论和工具。这些知识是销售人员在面对客户时必须熟练掌握的关键"武器"。同时，请注意，这些内容也是第五章的基础之一。

在 To B 项目的运作过程中，销售人员主要会遇到五条关系线，分别是管理线、技术线、采购线、用户线和财务线（见图 3-1）。这五条关系线是根据客户的内部职能划分的，项目运作的目标是尽可能多地获得这五条关系线的支持。

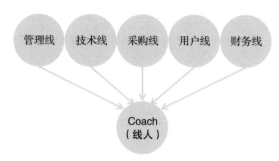

图 3-1   客户的五条关系线

一、五条关系线的定义

管理线是指客户内部与项目相关的各级管理者。管理线通常参与项目的最终决策，因此他们是最重要的角色，属于关键关系线。

技术线是指客户的技术部门人员，一般负责收集用户线的意见和需求，并将其整理成技术文档提交给采购部门或管理部门，经过讨论后确定招标文件。招标文件中会明确本次招标的技术要求，包括技术参数和技术方案等。

采购线是指与采购相关的部门人员，主要是采购部门人员。他们负责发布招标文件和组织评标，可以要求或参与决定投标厂家的相关资质，例如成功案例数量、行业认证证书、公司年营业额等，这些条件对某些厂家而言可能是门槛，采购部门人员因此可以直接屏蔽一部分不符合要求的厂家。

用户线是指直接使用产品或服务的人。例如，教学软件的用户线就是老师。对产品或服务的真实需求往往来自用户线，因为他们是直接使用产品的人，可以对产品的性能提出直接建议。他们的意见对 To B 项目的技术指标和技术方案的引导有重要作用，能帮助销售人员抓住客户需求的重点。

财务线是指财务部门人员。与财务线的关系运作通常只在大项目中有所涉及，一般规模的项目不会涉及这条关系线。

运作 To B 项目是一个系统工程，需要在五条关系线中纵横捭阖。这五条关系线面对 To B 项目时共分为四种态度：支持者、反对者、中立者、Coach（见图 3-2）。

图 3-2　五条关系线涉及的四种态度

前三种容易理解，这里解释一下 Coach。在英语中，Coach 意为教练。在客户关系运作中，Coach 的含义更为广泛，可以理解为销售人员在客户组织中发展的"卧底"。他们不仅支持 To B 项目，还会指导销售人员，帮助销售人员掌握项目运作的关键点。

To B 项目竞争激烈，一般来说，企业客户的内部情况复杂，利益关系错综复杂。作为局外人，如果在遇到项目后才开始接触企业客户，销售人员很难在短时间内透彻了解内部情况。

在企业客户内部的 Coach 能够迅速帮助销售人员了解内部的各种情况，掌握运作项目的关键点，对销售人员的帮助非常重大。因此，To B 项目的销售人员应养成发展 Coach 的习惯。此外，Coach 在不同的关系线中可以发挥不同的作用。因此，当提到发展客户关系时，最理想的情况是将每条关系线运作到都有 Coach 来支持销售人员的程度。

二、五条关系线上 Coach 的作用

（一）管理线 Coach

1. 作用

管理线 Coach 的作用不言而喻，项目成功的关键在于取得他们的支持，或至少不明确反对。

管理线 Coach 可以引荐关系，例如直接安排采购线、技术线介入，有他们的介入，拿下项目就容易多了。

2. 如何发展

管理线更关注项目能否为自己公司带来实际的发展，以及他们通过项目能在公司内部产生何种影响力。通常，他们对于项目最看重的是安全性，确保项目能够平稳落地，不出任何差错。同时，他们也会关注品牌是否足够强大，产品性能是否可靠。

在与管理线打交道时，销售人员应强调品牌、公司实力和产品可靠性，提供成功案例和个人成功案例等真实可信的资料，以消除管理线的疑虑，建立信任。

管理线在 To B 项目中扮演着重要角色，下面是一些有效的运作策略。

- 多次拜访，不急于求成。To B 项目的客户通常是长期客户，涉及多个项目，因此销售人员不应急于求成。建立良好的第一印象至关重要，因为一旦留下不良印象就难以改观。

- 处理好关系，保持底线。运作的底线是确保管理线不明确反对选择自己，保持中立态度。如果这次没有成功，可以为下一次做准备，持续维护客户关系。如果决策人不止一个，销售人员需要尽量与所有人建立良好关系。

- 勇于接触管理线。发展 Coach 通常是从下往上、逐层推进的，如果能直接接触到高层领导是最好的，如果没有这样的机会，就逐层进行。许多销售人员不敢从管理线入手，担心自己的水平不够，这样可能会错失良机。平时应勤加练习，必要时寻求公司高层的帮助。

- 同时获得其他关系线的支持。如用户线和技术线。如果用户和技术部门都认可销售人员提供的产品，那么在运作管理线时会更加容易。

通过这些策略，销售人员可以更有效地建立和维护良好的管理线关系。

3. 实战案例

我曾在成都一家公司担任销售副总。我们公司有一个潜在大客户，多年来，我们公司在这个行业中排名第二，但我们公司一直没有拿下这个大客户，因为它与行业排名第一的公司关系良好，而与我们公司的关系一般。

在分析了情况后，我决定去北京拜访客户领导，以试探他的态度。第一次拜访只进行了10多分钟，主要是简单的寒暄，没有涉及具体事务。接下来的两次拜访也只是短暂的交流。几次拜访后，我感觉领导的态度是并不排斥的。

后来我去北京出差时，我又去了拜访了客户领导，这一次他介绍给我认识了技术线的负责人，他是一位专职工程师，负责我们公司涉及的项目。我对这位工程师非常尊重，每次出差时有时间都会去拜访他，与他相处时我特别注意尊重他的技术权威，并肯定他的技术特长，慢慢地我们之间的关系变得融洽。

几个月后，一个国内重要的基建项目进入了招标前的关键阶段，我特意与这位专职工程师沟通。大约一个月后，项目发布了招标文件，我们公司产品标段的招标方式竟然是邀请招标，只有我们公司和行业排名第一的公司被邀请，而且招标文件明确规定：每家公司的份额不能超过60%。

这意味着，这位专职工程师设计的标书实际上直接给了我们公司40%的份额。这是一个非常重要的项目，拿下它标志着我们公司在这个非常重要的大客户身上已经打开了突破口，后续项目也可以顺利进入，这对我们公司来说意义重大。

项目的成功在很大程度上取决于管理线和技术线的有效运作。在这个案例中，专职工程师在招标文件设计中采用了邀标形式，而这在一定程度上与管理线 Coach 对我们的认可有关。通过与我接触，他不仅认可了我个人，也认可了我所代表的公司。面对技术部门提出的方案，他没有提出异议，直接表示同意，从而促成了这个项目的成功。这个案例展示了管理线 Coach 和技术线 Coach 的协同配合。

（二）技术线 Coach

1. 作用

技术线在项目中起着重要作用，也可称为关键关系线。技术线 Coach 对技术方案、技术指标比较熟悉，可以告诉销售人员他们对产品性能指标的考虑以及公司管理层对技术方案的倾向。

在总结招标文件的技术方案时，技术线 Coach 可以突出某些技术指标，也可以选择性地忽略某些指标；可以强调某些性能特性，也可以不予提及。招标文件中的指标要求就像是一个风向标，它默默地告诉投标人："客户已经倾向于选择某个厂家，这项指标就是那个厂家所擅长的。"

因此，在项目运作中，各竞争方都希望能够对客户的技术部门施加影响，突出自己的优势指标，从而击败竞争对手。

2. 如何发展

技术线的主管一般是技术出身，对技术细节很是较真，因此最关注的是销售人员提供的产品在技术方面是否有先进性，产品是否方便升级，维护是否方便，关注要点主要聚焦在技术方面。和技术线打交道时，就要重点谈技术、技术优势、技术方案的领先，还有成功案例、客户评价等。

第二个容易发展出 Coach 的就是技术线，和技术线打交道时要注意以下两点。

第一，做项目前要做好功课，对项目的技术方案有一定了解；与技术线交流时多谈项目技术方案，讨论问题时多用专业术语，强调自己懂技术；从项目的技术角度出发，与他们考虑同样的问题，这样会让他们觉得销售人员很专业，与销售人员有共同语言，而且从他们的角度出发解决问题，会让他们放心。

第二，尊重他们的专业意见，适度赞美对方，有利于处好关系，逐步将其发展成 Coach。例如，每次拜访客户的专职工程师时，销售人员要夸他专业，表示技术方案会听取他的意见，努力与他处好关系。一旦他接受销售人员，他会自己说出在技术上的计划和考虑，在项目上就能帮大忙。

3. 实战案例

2003 年，我还在联想某分公司工作时，负责西南区域三省一市的服务器、网络安全产品等销售工作。通过我们团队的渠道提供的情报得知，西南某省某公司的网络安全采购项目正在技术选型阶段。我进一步打听到，负责该系统技术方案设计的团队是联想的软件代理商，过去两年里，我曾与他们合作过几单，彼此诚信互助，留下了良好印象。

我马上电话联系该公司的技术副总，讲了项目情况。他说："我封闭开发结束后，马上就会进行这个项目的系统设计，我知道你们有服务器、存储产品，不知道你们还有网络安全产品，你把资料发给我。"临走时他说："也就是你，你要知道封闭开发期间我一般是不见人的。"我们欣然握手告别。

他后来在表述的产品指标设置中考虑了联想的技术，把我们公司产品独特的指标写进技术参数要求。9 个月后，投标结果出来，评分最高的是联想。该项目有 200 多台网络安全设备，是一个成功运作的大项目。

这个项目运作看似轻松，其实是"难者不会，会者不难"，只有找到项目运作的关键点，才能如庖丁解牛般游刃有余。这位技术副总在客户系统中有较高技术权威，他定了指标，我安排当地代理商去投标，当地代理商去正常维护关系，推到投标阶段就能成交了。

这就是技术线 Coach 的重要作用，这条线可以成为关键关系线。

（三）采购线 Coach

1. 作用

一般来讲，对于采购标准件和技术规格简单的公司，采购部门的意见往往比技术部门重要，这时采购线就是关键关系线。采购部门负责组织招标，它对合作方的资质要求有一定的话语权，如注册资金、成功案例、专业资质等，公司通过这些资质要求来筛选合作方。如果在前期能够发展出采购线 Coach，销售人员就有可能提前击败竞争对手。

同时，采购线 Coach 对于评委的产生方式、标书的评分方法以及每项指标评分的权重都有决定性的影响。因此，采购线 Coach 对销售人员的成功至关重要。

2. 如何发展

采购线负责组织招标，对资质要求、招标流程十分熟悉，他们是具体操作项目的人，会考虑预算是否充足、资质要求如何设置、选哪个厂家合适等。

销售人员和采购线打交道，要强调自己的实力、资质，价格尽可能满足客户要求，强调项目一定让客户满意、不会出错。同时要有心理准备，采购线由于对项目有较大话语权，所以他们会很谨慎，轻易不表态，与之建立关系相对较难，需要通过多种活动手段逐步运作。

（四）用户线 Coach

1. 作用

用户线对产品需求非常了解。用户线 Coach 会告诉销售人员此前采购的产品的利弊，从用户的角度说明他们希望产品是什么样的，需要帮助解决哪些问题。同时，他们了解企业客户内部情况，可以告诉销售人员很多情报。例如，企业客户内部的层级关系、此前的产品是如何采购的等，这些都对销售人员有帮助。

2. 如何发展

用户线是产品的直接使用者，他们的需求是产品操作简单方便，希望使用产品后他们的专业能力有所提升。因此，销售人员需要强调产品的易学易用和对工作及专业能力的提升。例如，介绍大型医疗设备时，可以宣传产品操作简单、容易学会，同时能提升医生的医疗诊断水平。

用户线往往无职无权，远离企业客户的权力中心，发言分量轻，在决策方面对项目影响小。但用户线易于接触，容易发展成普遍关系，帮助销售人员了解企业客户内部的具体情况，而这些信息可能对拿下项目极为有用。

在实际操作中，最容易发展 Coach 的就是用户线。刚接触项目时，销售人员需要接触很多用户线客户，但短时间内不可能了解所有用户线客户。因此，销售人员需要在第一次接触后，从中选一些与自己比较投机、谈得来的人，优先与他们建立联系。

我在华为做销售项目时特别注意发展用户线 Coach。一般在刚接触项目时，我会接触用户线，选择其中谈得投机的两到三个人，使他们成为我的 Coach。

3. 实战案例

华为在做销售项目时特别重视与用户线打好关系。2005 年，我们团队在马来西亚做医院项目，竞争对手是阿尔卡特。用户线是医院的网络部门，我们团队的技术工程师与客户网络部门的工程师进行了两次小范围技术交流，对方告诉了我们团队很多项目信息。

之前客户一直使用阿尔卡特的产品，阿尔卡特为他们服务了10年，外人看来他们是阿尔卡特的铁杆客户，项目应该很难拿下，我们团队也是这样判断的。但是对方告诉我们，这10年来，阿尔卡特的服务越来越差，设备出问题找阿尔卡特时，它的响应速度很慢、态度很差，他们早已不满，但由于全部设备都是阿尔卡特的产品，他们不敢轻易更换，如果华为的产品性能测试过关，与阿尔卡特的设备匹配，就有一定的希望。

这给了我们团队重要提示。我们团队在客户需求指标上提前做好准备，进行说明和引导，并对即将进行的测试工作格外重视。华为技术人员连夜查看阿尔卡特的网络设备说明书，找到了对应的设备型号，开始研究。结果是我们团队顺利完成了测试工作，赢得了客户的信任，并最终拿下项目。这就是用户线Coach的作用，他们几句话就可以告诉我们关键信息，教我们该怎么做。

（五）财务线Coach

大项目通常会涉及财务线。由于金额巨大，客户需要准备资金，并且大项目的付款流程较长，乙方提出的支付方案也需要由财务部门审批。对于小项目，只要在客户预算范围内，通常可以直接按合同执行，财务部门不会直接参与此类项目的审批。

1. 作用

对于涉及财务线的项目，财务线会从财务角度提出建议，他们了解项目的真实预算数据，通过提示项目风险，影响销售人员可否参与该项目。

项目的预算数据对销售人员投标非常有帮助，销售人员可以根据项目预算总金额和各子项目预算金额，大致猜测涉及自己公司产品的预算范围，这有利于确定项目投标的报价，对项目至关重要。与财务线建立良好关系，能了解更多信息，同时也有机会通过他们接触到管理线或关键决策者。

2. 如何发展

发展财务线 Coach 相对简单，因为他们工作专业性强，通常远离项目竞争，习惯按照规章制度办事。与他们相处时，应运用销售基本功——多接触，建立关系。

（六）总结

在 To B 项目中，与用户线建立关系通常较为容易，其次是技术线和财务线，而较难建立关系的是管理线和采购线。我通常首先运作用户线，因为用户线容易接触，并能获取项目信息。接着，我会接触技术线，因为技术线会就事论事，讨论产品方案和技术需求。如果项目涉及财务线，我也会尝试去接触。然后是采购线，了解客户招投标的想法和公司资质准入条件。综合这些信息后，我对项目会有一个全面的认识和判断，最后再接触管理线。这不是固定的模式，应根据项目的实际情况灵活处理，最终目的是接触所有关系线，并建立良好的关系。

表 3-1 是我总结的五条关系线中 Coach 的主要作用。

表 3-1 五条关系线中 Coach 的主要作用

关系线	关键词	Coach 的作用
管理线	最后表态的拍板者	告诉销售人员这个项目成功的关键；引荐客户关系，安排采购线、技术线等介入
技术线	单纯的理工背景	告诉销售人员他们是如何考虑产品性能指标的；影响领导对于技术方案的选择
采购线	应对复杂情况的操盘手	影响评委的产生方式、标书的评分方法以及每项指标评分的权重
用户线	易于成为 Coach，方便销售人员了解内情	告诉销售人员项目的产品需求；告诉销售人员客户内部情况以及竞争对手情况
财务线	照章办事	告诉销售人员项目的真实预算数据

三、五条关系线如何相互影响

当不清楚项目如何进行时，每一步都很难；当项目方向正确时，一切都会变得简单。想要进行项目运作，首先需要基于五条关系线，分析客户的决策链，明确决策链后再采取行动。

客户决策链分析步骤有三步：第一步，找到五条关系线对应的人员；第二步，分析他们在项目中的作用和相互关系；第三步，分析他们的态度，绘制决策链地图，策划发展 Coach，以便进一步推进项目。图 3-3 是客户决策链痛点分析模板。

在了解五种客户关系线中 Coach 的基本情况后，还需要知道如何让这些 Coach 发挥作用，进而影响其他关系线，发展更多的 Coach 和支持者来对抗反对者及竞争对手的 Coach 和支持者。

在项目中，要探明五条关系线的态度，即谁是销售人员的 Coach、支持者、反对者、中立者，谁又是竞争对手的。这就像是打牌，用自己的 Coach 和支持者打赢对手的"牌"。

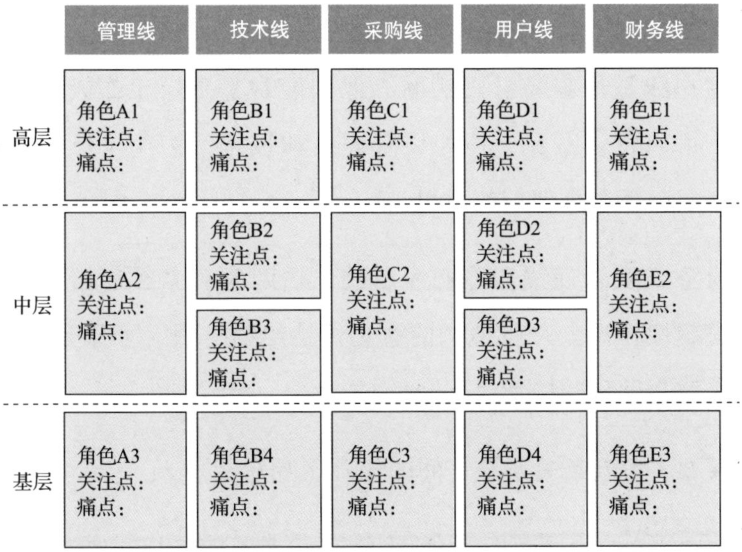

管理线	技术线	采购线	用户线	财务线
角色A1 关注点： 痛点：	角色B1 关注点： 痛点：	角色C1 关注点： 痛点：	角色D1 关注点： 痛点：	角色E1 关注点： 痛点：
角色A2 关注点： 痛点：	角色B2 关注点： 痛点： 角色B3 关注点： 痛点：	角色C2 关注点： 痛点：	角色D2 关注点： 痛点： 角色D3 关注点：	角色E2 关注点： 痛点：
角色A3 关注点： 痛点：	角色B4 关注点： 痛点：	角色C3 关注点： 痛点：	角色D4 关注点： 痛点：	角色E3 关注点： 痛点：

（高层／中层／基层）

图 3-3　客户决策链痛点分析模板

管理线的职位较高，他们的态度通常不取决于他人，他人只能通过影响来改变。用户线能否影响管理线？答案是肯定的，因为用户从一线的角度合理反映诉求，管理者需要考虑这些反馈。技术线可以从技术角度出发，用技术倾向来影响管理线；采购线可以从价格、公司资质、成功案例等方面影响管理线；财务线则可以从成本和预算的角度影响管理线。

技术线的工作较为复杂，他们需要调研用户需求，了解一线对产品的期望，同时还要与采购线沟通，了解预算以及是否有合适的供应商。采购线可以影响技术线的决策，管理线也可以影响技术线的决策，实际上其他四条关系线都会对技术线产生影响。

采购线受管理线和技术线的影响。管理线可以利用其管理权力提出要求，技术线则从技术层面提出需求，从而影响采购线。

用户线是最容易被影响的，他们通常是基层工作人员，没有职权，可以发表意见，但如果管理线和技术线表明了倾向，用户线通常会选择尊重他们的意见。

财务线受管理线和采购线影响，这两条关系线通常对项目结果起决定性作用。一旦他们的意见传达给财务线，如果是合理的，财务线就会理解并接受，不会反对。

表 3-2 为五条关系线之间的相互影响总结。

表 3-2 五条关系线之间的相互影响

关系线	可以影响谁	可以被谁影响
管理线	技术线 采购线 财务线 用户线	技术线 采购线 财务线 用户线
技术线	管理线 采购线 财务线 用户线	管理线 采购线 财务线 用户线
采购线	管理线 技术线 财务线	管理线 技术线 财务线
用户线	管理线 技术线	管理线 技术线
财务线	管理线 采购线 技术线	管理线 采购线 技术线

在 To B 项目中，存在五条关系线，赢得项目是一个博弈的过程，因此，在项目运作过程中，需要尽可能发展支持者，团结一切力量对抗反对者。

本节我们讨论了 To B 项目运作客户关系的基础技能，销售人员需要不断练习使用这些技能。一旦熟练掌握，就能准确判断谁是关键人、谁是 Coach，以及如何有效地运作客户关系，这将对销售工作大有裨益。销售管理者应安排销售人员学习并巩固这些技能，并通过项目分析会等工具，将优秀案例沉淀下来，形成公司内部的销售策略，以便在团队中复制和推广。

下一节，我们将讨论客户销售"三板斧"，这将帮助销售人员更有效地运作客户关系。

第二节　客户销售"三板斧"

1997 年之前，华为处于"创业"时代，其销售团队凭借多年在 To B 销售领域的经验总结，形成了客户销售的"三板斧"，即技术交流、参观考察、高层拜访三种方法。

站在今天回顾华为的销售手段发展史，"三板斧"是华为总结出的非常重要的销售手段。2011 年之后，华为的营销体系已经迭代到从线索到现金（lead to cash，LTC）时代。需要注意的是，在 LTC 时代，"三板斧"并没有消失，而是被纳入了整个销售流程，成为销售人员的基本功。图 3-4 是华为市场拓展和销售项目管理发展历程。

图 3-4　华为市场拓展和销售项目管理发展历程

"三板斧"出自程咬金，意思是熟练使用三个招式足以杀敌制胜。这"三板斧"都是正面"进攻"的有效手段。在业务拓展上，对广大发展中企业来说，对优秀的销售人员的基础要求就是掌握销售"三板斧"，并用到炉火纯青。

本节我们将结合案例详细分析"三板斧"如何使用。

一、技术交流

华为一直非常注重技术交流。技术交流有三种形式：技术交流会，展会或论坛，测试、试用或样品展示。

这些交流形式为销售团队提供了与客户深入交流的机会，使团队更全面地了解客户需求，从而为客户提供和展示更精准的解决方案。

相比销售人员单兵作战的模式，技术交流有利于说服客户。客户更倾向于相信技术人员而非销售人员。技术交流也是说服客户技术层领导和专家的最佳途径，因为他们更愿意听取专业的技术建议和观点，邀请客户高层参与技术交流活动，能够提高项目的成功率。同时，技术交流本身就是对公司技术实力的一种展示，可以有效增加客户对公司的信任和认可。

例如，我们团队曾服务的一家公司在市场上起步较早，但规模并未壮大。经过深入研究，我们团队发现该公司产品质量优良，但宣传力度不足，品牌知名度不高。销售代表和技术支持工程师在宣传和推广方面没有底，因此在竞标中只能采取低价策略。

在我们团队的建议下，该公司改变了策略，开始组织技术交流会，积极参加各类展会，并邀请客户实地参观，让他们亲身体验公司的产品。经过持续的努力，该公司赢得了越来越多的客户。依靠这一策略，该公司最终在政府公共建筑、房地产、医院等多个项目中击败了众多竞争对手，成功中标。后来，我们团队帮助该公司对成功案例进行总结，编制了《技术交流引导手册》，并以这本手册为教材，对销售代表和技术支持工程师进行了系统培训，提升了他们运用技术交流引导客户采购的能力。

需要各位销售人员注意的是，通过技术交流影响客户，不仅仅是将客户带到会场，然后请技术人员为其进行讲解那么简单。这是一项需要充分准备的工作，否则可能会对客户关系造成伤害。以下是九项需要准备的工作。

- 提前了解参与技术交流的客户信息，包括姓名、职务和岗位职责等，为重要客户安排专人接待。
- 根据对方的参会人员匹配自己公司的参会人员，以确保提供最合适的人员进行交流；提前了解客户主要技术负责人/专家的痛点和关注点，以便在技术交流中更好地满足他们的需求。
- 明确技术交流的分工，主讲人演练并准备互动交流的议题，以确保整个交流过程顺利。
- 与技术人员保持密切的沟通与合作，根据客户的痛点和深层需求，量身定制展示文件，使其更具针对性和吸引力。
- 掌握竞争对手与客户的技术交流情况，以便更好地应对竞争，突显自己的优势。
- 在客户技术团队中发展一名 Coach，配合把控技术交流的节奏，确保技术交流的效果最大化。
- 中场休息时，提前准备好茶歇，创造轻松的交流氛围，让客户感受到愉悦和舒适。
- 准备一些能够代表自己公司的精美纪念品，以表达对客户的感谢。
- 会后邀请全体参会人员合影留念，做成相册赠送客户，留下美好瞬间，增强与客户的情感联系。

除了以上工作，还有一些技术交流中的常见误区需要避免。

第一，不关注客户需求，专注于讲自己的专业知识。销售人员要关注客户需求，据此调整交流内容；要注意避免大量使用专业术语，否则会让整个交流过程十分枯燥。

第二，缺乏差异化和特色，泛泛而谈，没有突出自己的优势。销售人员的产品和方案应该具有明显的差异化和特色，让客户能够找到选择自己的理由。只有在与竞争对手比较时，销售人员的优势才能够显现出来。

第三，交流过程中缺乏变化和互动。销售人员应该在交流过程中有所变化、进行互动，避免成为例行公事，这样能够增加交流的活跃度和吸引力，使得客户更加投入和参与交流。

对许多项目来说，技术交流结束后才是真正的开始，因为此时客户的态度可能会有所转变。技术交流结束后要趁热打铁。首先，应征求客户反馈，进一步挖掘客户需求和想法，为后续的销售工作提供参考和指导。然后，可以向客户领导汇报本次技术交流的成果，展示技术交流的价值，以获得他们对方案的更多认可和支持。

如果条件允许，可以在技术交流后与客户聚餐，让客户感受到关心和重视。最重要的是，要解决客户提出的问题，重点关注反对者的意见，及时进行一对一的回复和沟通，以消除误会，增进友谊和互信，从而加深与客户的关系。

最后，在一周内尽快复盘本次技术交流活动，针对捕捉到的信息制定下一阶段的运作策略，不断提升销售团队的技术交流能力和销售效果。

通过技术交流，销售人员希望达到的效果是主导客户的决策标准，引导客户的认知，使其采用自己公司的技术参数来制定采购标准，从而打败竞争对手。如果无法主导客户的决策标准，那么退而求其次应引导客户接受自己公司的强项和优势，并将其纳入采购标准，限制竞争对手。

如果以上两点都无法做到，那么销售人员需要通过强化自己公司产品或解决方案的优点和特点，创造差异化，放大闪光点，为客户提供选择自己公司的充分理由。下面这个实战案例，就是以技术交流为切入点翻盘，最终主导了客户的决策标准的例子。

在西南某省的 IT 服务器项目中，有两个主要供应商。在某些关键技术参数上，H 公司遥遥领先，如果将这些参数纳入采购标准，H 公司很可能获胜。然而，L 公司在经过研讨后发现，并非所有产品都需要如此高的参数，L 公司的产品同样能够满足项目需求，而且成本更低。于是，L 公司精心安排了技术交流，通过精彩的讲解和体验，让客户充分理解 L 公司的产品可以在部分环境中取代 H 公司的产品，并且价格比 H 公司的低很多。最终，决策人选择了让这两家公司都参与该项目。

二、参观考察

参观考察是销售中的一个重要环节，它包含了两个关键内容：样板点参观和公司考察。

　　在样板点参观中，销售人员会带领客户实地考察一个具有代表性的机型、设备或解决方案，这样能够使客户目睹公司的实力和成果。客户认可的实际案例比任何演示或宣传材料都更具说服力。

　　样板点与展厅不同，它是销售人员与客户合作实施了一个非常先进或具有代表性的项目之后，在客户处设立的考察点。销售人员可以举办发布会，邀请同行前来参观，共同庆祝和展示合作成果。这种活动能够有效地加深客户对销售人员的认可和信任。

　　在进行样板点参观时，选择合适的样板点非常重要。销售人员需要找到与客户需求相匹配的样板点，最好是同行业或同类型的，离得近更佳。举个例子，如果客户是医院，销售人员可以选择一个三甲医院作为样板点。如果客户在杭州，最好找一个杭州附近的样板点，方便客户参观。

　　公司考察包括访问公司的工厂、体验中心和展厅。当一群客户的关键人员前来参观并目睹了销售人员的项目和成功案例时，他们对销售人员的信任和认可将显著提升。同时，销售人员可以通过各种方式款待他们，让他们感受到销售人员的热情和诚意。这样的待客之道有助于在客户心中留下深刻印象，从而增进合作关系。

　　做参观考察的准备工作时，需要注意一些细节。参观人员的选择至关重要，应确保关键决策人员能够参与，这样才能确保参观活动的有效性。如果有需要，可以在参观活动结束后再次邀请关键决策人员。如果是样板点参观，销售人员需要与样板点所在的公司紧密配合，包括陪同人员、发言稿、展示文件等，都需要提前准备好，必要时可进行演练。参观的路线和观察点也需要提前设计，以确保参观过程顺利。销售人员准备得越细致，客户对销售人员的印象就可能越好。在参观过程中，销售人员应该让客户多说、自己少说，因为客户自身的感受是最重要的。

我在华为时运作过一个马来西亚的项目，当时主管 IT 建设项目的是一个副州长，但实际操盘的是他的秘书，这位秘书主管采购部门。针对这个项目的情况，我们团队当时做了以下一系列动作。

1. 活动安排

我们团队组织了客户一行来深圳参观华为公司，这是我们团队项目运作的重要一招，因为在当时那个年代，客户对华为并不了解，有的人仅仅是听说过这家公司，而有些人甚至从未听说过。由于华为刚刚进入当地市场，且在当地未做过任何项目，为了打开市场，我们团队下决心邀请客户来深圳参观考察。

2. 特殊体验

在参观过程中，每个环节都经过精心设计，旨在创造难忘的体验。客户一行抵达机场后，由公司的奔驰车队迎接，司机着装规范，礼貌有加。抵达公司后，门卫敬礼，车队直接驶向公司展厅。此时，客户经理已站在展厅门口迎接客户，合影留念后开始参观。两小时后，展厅参观环节结束，客户经理恭敬地给每位客户送上一份礼品盒，打开一看，里面正是今天拍摄的合影，客户感到惊讶和惊喜。

午餐安排在公司的 VIP 餐厅，菜单早已准备好，中国菜肴令这些来自马来西亚的客户满意。下午，我们团队安排了技术交流，由华为的专家讲解技术和方案，让客户的技术负责人看到华为的技术实力。

一天下来，客户总体感受是震惊的，他们中的大多数是首次来中国，未曾料到中国公司具有如此实力。从第一天的种种细节中，他们感受到了华为的诚意。第二天，我们团队带领客户游览深圳附近的景点，体验中国文化，并赠送当地特色礼物，大家相处得越来越愉快。

3. 拉近关系

在整个活动中，我特别注意增加与主管采购的副州长秘书的互动，多接触、多交流。

4. 提出需求

行程结束后客户一行回到马来西亚，双方已相当熟悉。我感到副州长秘书内心已认可华为，便提出开展项目的请求，希望给华为一个机会尝试一下。由于华为刚进入马来西亚市场，缺乏成功案例，他在采购招标要求方面放宽了对当地成功案例的要求，这等于为华为打开了合作的大门。

5. 运作结果

后来，华为中标了一个百万美元级别的项目，这对华为来说是一个重大的突破。

参观考察就像买房前实地参观小区和样板间。客户可以通过参观考察来了解公司的实力和成果，进而做出决策。参观考察之后，销售人员可以与客户进一步讨论合作事宜，包括价格、交付时间等，这样的交流和沟通能够更好地促成合作，并提升自己的销售业绩。

三、高层拜访

高层拜访有两种：一是销售人员所在公司的高层去拜访客户高层；二是销售人员所在公司的高层去拜访客户的关键决策人，这里的关键决策人并不一定是职位非常高的人。

很多销售人员对高层拜访这件事心里打鼓，实际上高层拜访要做好，前提是要了解客户的痛点和规划，也就是说，销售人员要了解客户需求，知道他们在想什么。高层通常会关心三个问题，只要销售人员能讲明白如何解决这三个问题中的任何一个，客户都会非常感兴趣。

第一个问题是**如何更好地服务他们的客户**。销售人员要了解的是，自己的客户是为谁提供服务的？我们有没有办法帮助客户提供更好的服务？如果有，客户肯定会对销售人员感兴趣。

第二个问题是**如何打败他们的竞争对手**。我们可以向客户提供一些方法，让他们把竞争对手甩在身后，在激烈的竞争中脱颖而出，这是所有高层都非常关心的问题。

第三个问题是**如何降本增效**。无论是哪个公司的高层，他们都关心公司的经营，如果销售人员能够帮助他们降低成本、提高效率，他们一定会感兴趣。销售人员提供的设备能够帮助他们降低 20% 的成本，或者将生产效率提高 20%，又或者通过使用 ERP 系统帮助他们降低 30% 的库存、将存货周转率提高两倍，这都是降低成本、提高效率的例子。如果销售人员能够真正实现这些目标，客户会非常感兴趣。

因此，了解客户的痛点非常重要，在与客户高层的交流中，销售人员要关注这三个问题，站在客户的角度思考，给出解决方案。如果销售人员能够做到这些，客户会愿意与销售人员深入交流。

PART 2

第 二 部 分

勇将之道

导语

勇将就是销售团队的管理者，例如销售经理、销售总监、大区总监，这类干部都属于勇将。

我在"兵将帅"之道中对勇将的工作职责要求是：选拔人才，严格练兵；谋略有方，临阵指挥；攻城略地，战无不胜。

选拔人才，严格练兵，强调的是勇将的核心职责——练兵。只有通过严格的训练，才能锻炼出精锐之师，打造出战无不胜的销售铁军。

谋略有方，临阵指挥，要求勇将不仅要有深谋远虑，面对复杂的竞争环境能制定出有效的应对策略，还要能够亲临战场，直接指挥作战。

攻城略地，战无不胜，这是对勇将作战指挥能力的要求。它意味着勇将需要在战场上取得胜利，不断征服敌人的领地，从而在战争中取得最终胜利。

勇将就是构成销售团队的骨干，扮演着非常重要的角色。

第四章　销售团队组建与训练

第一节　销售人员招聘

作为管理者，想要打造一支合格的销售铁军，勇将有三关要过。

第一关是招聘。管理者首先要选好"苗子"，"苗"不对，再怎么培养都很难取得理想的效果。明朝名将戚继光写的兵书《纪效新书》卷一第一句话就是"兵之贵选"，对 To B 行业的销售岗位来说尤其如此。这是因为 To B 项目不仅周期较长，而且业绩要求明确，这导致销售人员需要长期在外独立工作，面对的竞争压力和心理压力较大，经常遭到拒绝、受到挫折，有时甚至需要将看似不可能的任务变为可能。因此，这个岗位对个人素质的要求极高，同时也能显著提升个人能力。作为销售团队的管理者，必须从源头上严格把关，挑选合适的人才，这对团队的长期发展和项目的成功来说至关重要。本节就来详细探讨销售人员招聘的要点。

第二关是培训。这一环节至关重要，旨在帮助新兵顺利融入团队，同时掌握必要的产品知识和相关技能。如果没有做好培训，新员工的能力无法得到提升，业绩自然很难达成，最终他们可能离开，这既对公司造成了损失，也耽误了员工自身的发展。下一节我们详细解读销售人员培训。

第三关是定期考核。定期考核包括见习期考核、季度考核、半年考核和年度考核。这些考核旨在优胜劣汰，因为越晚做出正确的判定和淘汰，公司的成本就越高。有进有出，团队才能像活水一样充满生机，保持战斗力。这一环节将在本书的第九章详细介绍。

一、销售团队管理者是招聘第一负责人

根据我的经验，即使是经过精心挑选的团队，一年的淘汰率也在15%～20%。对一般的团队来说，在经过初步盘点后，淘汰率通常在30%～50%。

因此，在辅导企业时，我首先会从招聘环节入手，因为"问渠那得清如许，为有源头活水来"。通过优化招聘流程，我们可以激活整个团队的人才。一方面，我会参与具体的人才盘点、招聘、晋升和淘汰工作，以提高团队成员的综合素质；另一方面，我会辅导销售团队管理者和与之配合的 HR 团队，提升他们在选拔、使用、培养和留住人才方面的能力。这样，这些能力就会沉淀在企业中，从而提升企业构建销售铁军的能力。

在辅导和授课的过程中，我发现一提到招聘，这三个问题经常被企业创始人或销售团队管理者提及：

- HR 说招不到人，招聘进度一拖再拖。

- 招进来的人不合适，反而影响原有团队的稳定性。

- 优秀的人留不住，自己公司成了跳板。

有些销售团队管理者告诉我，他们在招聘上不愿意花太多预算，不敢有所动作。这些问题反映出的不是公司"应不应该招聘"，而是"会不会招聘"。它们应该做的是改善招聘工作，而不是草草了事。

造成上述问题的**底层原因**有以下三个。

第一，**招聘工作的第一负责人不是用人部门的领导**。在实际执行中，招聘主要是由 HR 负责，而 HR 对于非本职工作的业务理解有限，结果时常不理想，实际上，用人部门的领导应是招聘工作的第一负责人。只有销售团队管理者作为第一负责人，从业务的角度去制定聘任的标准与流程，亲自负责面试，HR 部门配合筛选简历、邀约面试，双方互相配合，才能保证招聘、培训、业务之间的衔接。因此，把招聘工作一股脑儿地丢给 HR 部门会结果不理想，这也是招聘工作始终做不到位的根本原因所在。

第二，**招聘方法不到位，导致招聘效率低**。事实上，根据我的经验，企业客户招聘流程的每一个步骤都有优化提升的空间。销售团队管理者要督促招聘团队优化流程，提高招聘效率。很多企业客户的 HR 部门都和我说招不到人，通过我为期 1～3 个月的招聘辅导和陪跑，基本上都按期完成了招聘任务，解决了这个问题，客户也不再抱怨这点了。

第三，**面试官团队欠缺经验与能力**。养成"慧眼识人"的能力需要大量的面试经验，特别是销售岗位具备特殊性，不仅要看候选人的能力，还要识别"冰山之下"的潜在特质。只有不断地面试、面试后与入职者共同工作，才能练就一身识人本领。

因此，作为销售团队管理者，如果你之前的习惯是向 HR 部门提出招聘需求后就放手不管，那你一定要好好阅读本节，从业务领导的视角来全面优化招聘工作，为组织选好"苗子"。这是打造销售铁军的基础。

二、建立选人标准

在识人用人方面，晚清名臣曾国藩是我们的楷模。他将人才分为两类：一类是官气多，另一类是乡气多。官气多的人说话面面俱到，办事四平八稳，但往往放不下架子，不愿意深入基层。乡气多的人说话直接，好胜心强，喜欢标新立异，但容易意气用事。这两类人才各有优缺点，但曾国藩更倾向于使用乡气多的人。我在第一章中提到的优秀的销售人员的素质模型，与曾国藩的选人思路有几分类似。

在优秀的销售人员的素质模型中，我提到了几个关键词，如自尊心强、目标导向、对组织和事业忠诚等。这些素质很难通过后天培养，我们主要依靠"甄选"和"淘汰"来筛选拥有这些素质的人才。

综合对销售人员的素质和能力要求，企业可以建立自己的人才能力模型。图 4-1 是华为的销售人员能力模型，又称最佳营销专家（BESTPRO）模型。

图 4-1　BESTPRO 模型

BESTPRO 是七个英文单词的首字母的缩写，代表七种能力：B 代表商业（business），指的是能够为客户创造商业价值；E 代表生态（ecosystem），指的是能够理解行业和客户的生态，并与自己公司的生态相融合；S 代表战略（strategy），指的是具备战略思维，能够分析并理解客户和对手的销售战略之后制定自己的策略；T 代表团队（team），指的是具备利他心态，有团队意识；P 代表项目（project），指的是具备项目管理能力，能够良好地运作销售项目；R 代表关系（relationship），指的是能够很好地拓展、维护和管理客户关系；O 代表运营（operation），指的是综合实力强，能够很好地管理手中的项目。BESTPRO 模型的要求很高，符合条件者大多数为销售专家级别，此模型可以作为 To B 销售人员能力模型的参考。

用人企业结合自身的战略落地所需，对本书中的模型做自定义，增减一些维度或在某些维度上调整要求，从而得到理想的销售人员画像。这一画像将结合具体的岗位要求，最终以岗位描述（job description，JD）的形式呈现在求职者面前。

三、撰写一份好的 JD

一份好的 JD 是什么样的？让我们看下面这两个大客户销售经理的 JD 案例：

案例一

【岗位职责】

（1）负责跟进管理目标大客户，发掘客户需求，提供针对性的解决方案，实现业绩目标。

（2）致力长期服务客户，实现客户关系的建立及维护，不断满足客户需求。

（3）制订销售计划并执行。

（4）遵守公司颁布的各项规章制度，积极参与团队培训和业务知识学习等活动，协助团队阶段目标冲刺以及完成其他工作任务。

【任职要求】

（1）具备本科及以上学历。

（2）具备较强的销售意识，了解行业知识。

（3）善于与客户建立良好关系，有较强的沟通能力、说服能力及客户谈判技巧。

（4）具备市场敏锐度和积极乐观向上的心态。

案例二

【岗位职责】

（1）完成特定行业销售目标及商机拓展目标，拓展特定行业大客户，做好客户目标梳理、商机库跟踪，与目标大客户建立合作关系。

（2）深挖目标大客户潜在需求、痛点，发现公司产品销售的机会点，并有针对性地推荐解决方案。

（3）制作项目竞标文件及演示文件，进行招投标全程把控。

（4）推进项目，从接触到落地全流程跟踪，对业绩指标负责。

（5）做好目标大客户长期客情维护工作，通过发掘、拓展并与特定行业大客户合作，稳定及深化长期战略合作关系。

【任职要求】

（1）5年以上行业销售经验，本科学历优先。

（2）了解大客户销售流程和理论，对大客户销售流程有相对清晰认知。

（3）能快速熟悉公司产品，能够根据客户需求适配产品解决方案。

（4）具有一定的行业客户资源，有可考证的成单记录。

（5）具有极强的线索自拓意识和能力。

（6）具备灵活的跟单把控能力。

（7）有生物、医疗设备行业大客户销售经验者优先。

案例一就是我们在招聘网站上经常看到的招聘简介，看似覆盖了所有要点，但实际操作起来就会发现标准不清晰。根据这样的 JD 来招聘，每个面试官都可以有不同的理解，导致在筛选简历、面试、评价时没有明确的标准，招聘进来的人很可能不符合要求。

像案例二这样描述精准的 JD，实际上是经过了大量的前期讨论工作，由企业管理层、销售部门领导和 HR 团队三方共同创造和达成的共识。这样的 JD 需要符合业务战略的要求，是不容易实现的。许多企业由 HR 独立撰写 JD，但 HR 偏向事务型，没有足够的机会和能力去深刻理解企业战略和市场战略，也不是很清楚业务部门的实际情况。因此，HR 独立撰写 JD 不能很好地将用人需求反映出来。更严重的是，有些企业管理层自己就没有梳理清楚企业战略，进而无法细化到市场战略，自然也就没有办法清晰地将岗位要求反映到书面上。

JD 是企业执行市场战略所需要的人才画像，必须精雕细琢，不能泛泛而谈，只有这个画像清楚且正确，并应用在招聘全流程中，才能保证招聘工作的质量。通过描述精准的 JD 让应聘者自我过滤，可以极大地节约企业的招聘时间，同时各轮次面试官能通过 JD 明确候选人画像，提高面试成功率。

图 4-2 是一个完整的 JD 结构图，可作参考。

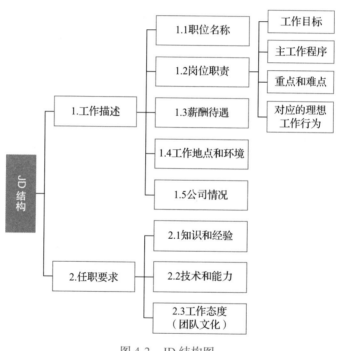

图 4-2　JD 结构图

四、优化招聘流程

从共创 JD 到谈薪，销售岗位的招聘流程可细分为 8 个环节（见图 4-3）。

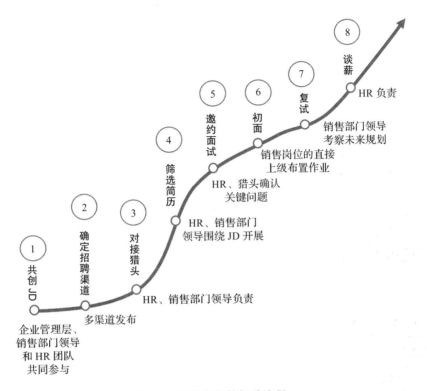

图 4-3 销售岗位的招聘流程

如何提高效率呢？对此我有 5 条建议。

1. 保持一致性

这条可以理解为所有面试官对要招聘什么样的人在认知上保持高度一致，候选人与业务要求也保持一致。保持一致性的诀窍就是在筛选简历、面试、谈薪时都围绕 JD 展开，前面我花大篇幅讲解 JD 的撰写，原因就在于此。

2. 共同筛选简历

一般来说，简历来源主要有三种：主动搜寻、被动接收、猎头推荐。为确保简历符合 JD 要求，简历筛选必须经过 HR 初筛和销售部门领导二筛两个环节。如果发现简历与 JD 要求不符，应及时追根溯源。若因要求严格导致高质量候选人的简历数量不足，进而影响招聘进度，应扩大简历来源，如增加猎头数量、加强对猎头的反向管理，甚至可以通过参加展会、沙龙等活动挖掘人才。

3. 初面中使用结构化提问模板

初面的目的是让招聘岗位的直接上级快速从众多候选人中筛选出符合条件的候选人，淘汰掉不符合要求的候选人，但初面并非一次性确定候选人是否值得录用。

因面试时间有限，在初面中，建议面试官使用结构化提问模板，重点在于通过挖掘应聘者的过往经历，考察其是否具备符合企业要求的态度、技能、知识和客户资源。本节稍后会分享结构化提问模板的撰写方法。

4. 复试中灵活提问

复试的目的是通过验证候选人的未来规划来证明其具备符合企业要求的态度、技能、知识和客户资源。因此，复试可以由比招聘岗位高两级的销售部门领导进行提问，且不需要遵循固定的提问模板。

5. 用好猎头公司

根据我此前的经验，较匹配的猎头公司推荐简历的效率约比企业的招聘人员寻找简历的效率高 30 倍。⊖至于性价比，大多数猎

⊖　此处考核的是入职人数／简历数。

头公司的收费是透明的，例如一线销售人员（如客户经理、大客户经理、销售经理等）按入职的人数收费，销售总监及以上的岗位按年包基础薪资的 18%～20% 收取。而且现在很多猎头公司都是人员到岗后收取一部分，转正后收取剩余部分费用，所以对需要迅速扩大销售团队的企业来说，用好猎头公司是缩短时间、节省成本尤其是机会成本的必要手段。

以招聘一个合格的大客户经理为例，一个招聘人员至少得搜寻和浏览近百份简历才能找到一个合适的邀约面试的人选，邀约面试的成功率大约为 50%，而一般有 3～5 个候选人来面试，经过两轮面试之后谈薪，最后能入职的往往只有 1 个。同时，招聘人员还要负责协调面试官的时间、记录面试结果、协商入职条款，所以往往他们只有一半的工作时间用来搜寻简历。猎头一般在某些特定行业有自己积累的人才库，多渠道搜寻匹配简历的能力也更为专业，所以他们推荐的简历数量更多，30%～70% 值得安排面试，而邀约候选人的工作也是由猎头负责，无须占用企业招聘人员的时间。另外，绝大多数猎头公司也会提供背调服务。用好猎头公司，招聘人员的角色就变成了项目经理，在效率、效果上都会有很大提升。

对于管理好猎头公司，这里有一些经验可以分享给大家：寻找三家以上猎头公司合作，这些公司应在目标区域和行业内有一定的人才积累；销售部门领导和猎头公司的项目团队一起开启动会、周度复盘会，确保猎头公司的项目团队成员理解清楚 JD 的含义，并体现在推荐的简历上，这样可以有效地从源头提高简历质量。

五、面试销售人员

面试经验是从实践中得到的。通过面试招聘一位员工进来，要培养他 1~3 年，跟他一起工作，我们才能知道当年面试他时得出的结论哪些是正确的、哪些是错误的。所以面试经验的获得成本是很高的，但"识人"的能力一旦获得，对个人和公司的帮助就特别大。所以各位管理者一定要舍得在上面投入精力。在招聘旺季，负责人一周至少要花 2 天在面试上。

关于面试销售人员，有以下几个要点。

第一，学历要求相对宽松。

与其他岗位相比，销售岗位对学历的要求相对宽松。许多学历背景优秀的候选人对销售工作存在抵触情绪，反而在销售岗位上表现不佳。相反，许多学历背景一般的候选人在销售岗位上能够取得显著成就。取得成就的关键在于候选人是否认同销售工作，并能否脚踏实地工作。然而，候选人所学专业必须与公司的主营业务相匹配，特别是在高科技公司，对候选人的学历和专业背景会有一定的要求。如果公司的产品是化学用品，那么具有化学相关专业背景的人选将更为合适。

第二，关注成长路径。

打开一份简历之后，我的习惯是看完前面的姓名、年龄、学历、专业、毕业院校，直接翻到第一段工作经历，然后看每段工作经历有没有让他成长。一位优秀的销售人员，他的职业发展路径上升趋势明显，他的职位越来越高，公司提供的平台越来越好。这些都体现了他的实力，也证明了他的既往业绩。具体来说，成长路径重点关注两个关键词：年龄和成长经历。

销售人员的黄金年龄通常被认为是 32～38 岁。25 岁以下的属于职场新人，对华为这样的大企业来说，可以对职场新人长期投入进行培养。25～28 岁的是初级销售，可以使用，但需要考虑是否适合培养。28～32 岁的已有经验，但可能还不够成熟。32～38 岁的处于最合适的阶段，他们积累了大约 10 年的经验，这个时期也愿意学习，同时面临家庭压力，更愿意奋斗。销售人员超过 40 岁之后，通常需要向销售团队管理者发展。

从第一段工作经历开始看，可以还原这个人的成长经历，要关注他的每段经历中的所在公司、岗位、干了多久。能力是必须通过实实在在的工作才能获得的。在一个岗位上工作，一般要至少 1 年才能对岗位有所了解，要 2～3 年才能精通，所以获得某个能力需要 1～3 年，当然不同岗位难度也不同，例如销售专员一般 2 年就能吃透了，而大区经理可能要 3 年。

第三，用业绩说话。

优秀的销售人员通常有着不俗的过往业绩，往往在上一家公司时是销售冠军或者名列前茅。在介绍自己时，他们会用数据来证明自己的业绩，而不仅仅是使用形容词甚至含糊其词。你可以通过提问来观察他们的回答，一个优秀的销售人员会自然地用数据来展示自己的成就：过去三年里我的销售额是多少，我是某某年的销售冠军，我所负责的项目增长率是多少，等等。

第四，观察性格特征。

优秀的销售人员通常具有非常明显的性格特征，他们身上散发着锐气和自信，渴望成功，并且愿意为成功付出努力。他们情商高、性格好、心态积极，能够应对复杂局面，善于面对挑战。在面试时，可以有意对他们提出挑战性的问题，比如："你在这个阶段的表现似乎很普通？"看看他们能否从容应对。通过这样的问题，也可以观察他们是否具有较高的逆商。优秀的销售人员善于应对压力和困境，具有较高的逆商，能够自我缓解心理压力、进行心理建设，保持积极向上，让自己沉稳可靠。

此外，优秀的销售人员还善于学习，具备空杯心态，态度谦逊和善，能够坚持自我批判，持续进步。如果一个销售人员在面试时只强调自己的过往业绩，而不谈论其他方面，需要引起注意。

第五，要具备 3～5 年的一线市场经验。

在面试销售管理岗位候选人时，这一点尤为重要。要知道，在一线市场真正打拼的经历是销售人员一生的宝贵财富，因为这样得来的经验将成为他们未来对业务做出判断的基石。优秀的销售人员至少需要有 3～5 年的一线市场经验。

在我辅导某客户团队时，由于团队规模扩大，整个中层团队都被提拔，唯独一位副总没有被提拔，他非常生气并询问我原因。

我答复，原因在于他一直从事销售管理工作，缺乏一线市场经验。后来，这位副总去了一线市场历练，回来后他的精神面貌大为改变，后面也获得了提拔。

第六，考察带领过的团队。

这也是面试销售管理岗位候选人时需要关注的重要方面。首先要评估候选人曾经带领过的团队规模，至少应该有 3 人，一般情况是 10～20 人；如果曾带领过 30 人以上的团队，那么其管理水平已相对较高；如果曾带领过 50 人以上的团队，则可视为较高级别的干部；能带领 100 人以上团队的候选人，其管理水平则非常高。

此外，还需考察候选人带领团队时的业绩是否良好，业务规模是否与其管理能力相匹配，这些都是实际反映其带领销售团队的能力和水平的重要指标。

第七，设计结构化提问模板。

为了提升面试效率，我的团队在辅导企业时会设计面试结构化提问模板（见表 4-1）。表 4-1 的上半部分是候选人的信息与评价，方便快速查阅；下半部分，竖向是提问的逻辑结构，横向是辅助面试官对候选人的回答做判断的要点，而且可以让这种判断的质量趋于稳定。一般面试完面试官就可以填写这样一份表格出来。

表 4-1　销售人员面试结构化提问模板

候选人姓名			面试岗位				
初面结论	通过 / 不通过		地点				
提问结构	提问举例	提问目的	面试评价	候选人回答要点	常见加分项	常见扣分项	对标 JD 的要求
自我介绍							
自我洞察							
了解动机							
考察资源							

　　总结一下本节内容：销售招聘的第一责任人是销售团队管理者，但需要各模块的通力配合；JD 来自战略要求、业务实际需求和岗位画像，一旦形成，招聘流程中各环节需保持一致；各级管理者都需要提升面试能力，为团队选拔优秀"苗子"。

第二节　销售人员培训

　　在上一节，我说过打造一支合格的销售铁军有三关要过，第一关是招聘，第二关是培训，第三关是定期考核。在销售铁军管理中，培训具备多重价值：一是可以训练团队，提升销售能力；二是可以宣传企业文化，塑造团队精神；三是通过培养内部讲师，总结成功经验，可以有效沉淀团队经验；四是可以作为筛选优秀员工的方式，毕竟一个乐于分享、善于分享的业务骨干，往往是优秀的后备干部。

然而，许多公司的销售培训工作仅停留在表面，难以实现上述价值。本节将探讨如何从销售团队管理者的角度优化培训工作。

一、企业的最大问题之一是员工未经适当培训

下面几个场景，是否曾在你们公司发生过？

场景一： 一位在面试中表现出色的销售人员今天正式加入了我们的团队。早上九点，他准时到达。为了帮助他迅速熟悉业务，我安排了一位经验丰富的销售人员作为他的导师。然而，这位资深销售人员随意地给他安排了一个座位，只是简单地告诉他可以看看公司的资料，然后就去参加会议了。一个月过去了，我发现这位新销售人员的工作进展并不理想，而且他的导师对他也颇为不满。

场景二： 公司计划重点发展某项业务，为此集中招聘了一批销售人员。在面临业绩压力和时间紧迫的情况下，这批销售人员在学习了产品知识后，就被迅速安排去拜访客户。然而，结果并不如预期，80%的销售人员无法有效地应对客户的异议，这导致公司在业务拓展方面进展缓慢，同时也在客户心中留下了不良印象。

场景三： 公司每年举办两次大型销售培训，通常由销售部门领导提出培训需求，HR部门负责寻找讲师和安排培训。由于时间紧张和任务繁重，培训经常需要在两天内完成多个课题。HR部门在选择讲师上投入了大量精力，但每次培训的效果都不太理想。对于如何改进培训效果，销售部门领导和HR部门都感到困惑。

　　这三个场景在销售管理中非常普遍，让我们来分析一下问题究竟出在哪里。

　　第一个场景表明，新销售人员入职时的热情和期待是非常宝贵的资源。如果不能有效地引导他们融入团队，可能会对公司的信任度产生影响。场景一反映出此公司缺乏一个完善的新销售人员入职培训流程。在实施"老带新"制度时，如果没有相应的激励机制，资深销售人员可能不愿意投入时间和精力去指导新销售人员，甚至可能担心培养出未来的竞争对手。因此，在执行"老带新"制度时，需要精心设计，以激发资深销售人员的积极性。

　　第二个场景表明，一个没有经过充分训练的销售团队无法有效应对市场的挑战。在案例中，销售人员在没有充分准备的情况下就被推向市场，这导致了业绩不佳和客户满意度下降。销售培训应该涵盖产品知识、市场信息、销售技能等多方面的内容，并且需要通过演练和考核来确保培训效果。

　　第三个场景表明，销售培训应紧密围绕业务需求进行设计。销售部门的培训需求应源自业务实际，而培训形式的设计则需要销售部门与HR部门进行充分的讨论，以确保培训内容贴近实际工作、培训形式有效。

　　总而言之，企业的最大问题之一是员工未经适当培训。正如将领要想让士兵在战场上勇敢作战、有效执行命令，必须每天进行训练，培养他们的精神、技能和纪律，销售团队管理者要想让团队业绩取得突破，也必须勤于培训销售人员，并掌握有效的培训方法。

二、审视销售培训工作

与招聘类似，销售培训的实际执行者是 HR 部门，但主导者应该是销售部门的负责人。他需要提出培训要求，协调资源，并验收培训成果。因此，销售团队管理者需要经常审视培训工作是否到位，可以从以下四个方面入手。

- 从培训对象来看，是否覆盖了所有重要人员。新销售人员、销售人员和销售干部这三个群体是否都获得了充分的学习机会？

- 从培训方式来看，是否采用了最合适的形式。集中面授、训战结合、线上学习、日常分享、生产实习、"老带新"等常见的培训手段适用于不同的内容和场景，培训并不局限于集中在一起的学习。

- 从培训讲师来看，较为理想的组合是以内部讲师为主、外部讲师为辅。内部讲师负责传授企业文化、产品和服务知识，进行实战案例辅导，而外部讲师则负责通用方法论的教学。据我观察，许多公司在挖掘和培养内部讲师方面存在不足。

- 从培训内容来看，在广度上，应包括通用培训、营销培训、技术培训、业务培训、团队精神培训等多个方面；在深度上，培训内容需要结合实战要求，例如，将成功项目的经验提炼总结成日常操作，沉淀优秀经验并通过培训"复制"到整个团队中。表 4-2 总结了销售培训的必备模块。

表 4-2 销售培训必备模块

培训大类	培训目标
通用培训	企业文化
	全员规章制度（考核）
	生产制造工艺流程
营销培训	销售相关知识（考核）
技术培训	产品和解决方案（考核）
业务培训	市场拓展的客户基础和方向
团队精神培训	团队精神

为了审视销售团队的培训工作，请回答以下几个问题：

- 新销售人员的培训计划持续多长时间？学习的内容是否全面？是否包含了实战演练？
- 销售人员是否每年都有学习机会？他们学习的内容是否有助于实现业务目标？
- 内部讲师是否充足？他们能否完成关于企业文化、产品和服务、重大项目打法的培训？
- 如果有"导师制"或者"老带新"机制，是否配合设计了激励和考核制度？

三、如何改善培训工作

在本节开始时，我列举了三个销售培训中常见的场景，这些场景实际上反映了销售培训工作中的典型问题。要解决这些问题，销售团队管理者需要在方法和资源上进行创新。下面是三个具体的建议，我将辅以案例进行说明。

（一）关注实战中成长

在培训领域有一个广为人知的原理，即 7-2-1 法则。这个法则指出，在工作能力提升方面，70% 来自工作实践；20% 来自与同事、导师之间的讨论，这种讨论不受时间和地点的限制，可以在课堂上、工作中或下班后进行；10% 来自传统的课堂学习和老师带领的培训。

这意味着，企业培训中安排的面授课程，其主要作用是补充知识框架、启发思考、指导实践。学员是否真正掌握所学知识，取决于他们能否在实际工作中应用其解决问题。对于需要频繁与人打交道的销售岗位，这一点尤为重要。在学习项目中应强调实践与学习相结合，学习后立即投入到一线工作中，通过实战来成长。要贯彻这一原则，就需要训战结合和全员导师制。

1. 训战结合

华为一直强调训战结合，那么什么是训战结合呢？"训"指的是培训，"战"则是指工作实战，将两者结合起来，意味着培训的内容必须能够应用于实战。培训结束后，学员应带着在课堂上学习的方法和方案投入到实战中，实战之后，则需要带着实际结果来进行复盘和再次学习。

表 4-3 展示了某科技公司销售培训方案的一部分，该方案采用了训战结合的方式。具体来说，每月进行一次集中授课，学员学习市场拓展的方法论，并在课堂上进行研讨，输出初步方案。课程结束时，老师布置实战作业，学员在授课结束后带着方法论和

作业要求回到工作中，以小组为单位完成作业。下一次课程在此基础上引入新知识，通过这样一个循序渐进的过程，让学员在培训和实战中成长。同时，在实战阶段，老师会关注学员的动向，及时提供辅导，学员之间也会定期交流心得和体验。

表 4-3　某科技公司销售培训方案（部分）

项目阶段	学习形式	预计时长	工作内容	工作目标
第一期	训	1 天	"市场拓展"授课，布置作业 1	学习市场洞察与分析的基本理论，掌握常用的市场拓展手段，重点提升市场拓展能力
		1 天	"渠道管理与销售管理"授课，布置作业 2	学习如何选择、运营和管理渠道，学会开展销售管理（数据与业务管理解析），提升管理能力
	战	1 个月	学员回到工作场景，根据作业要求进行实践，并形成结果。老师积极了解学员的工作情况并提供答疑	学员在工作实践中掌握新知识、新技能，并得到老师及时答疑和辅导
		1 天	老师在线上对作业进行点评，并在此基础上进行一对一辅导，以提升学员的能力	老师检查和分析学员实战情况，阶段性总结复盘，学员内化知识与技能，通过工作实践进一步提炼、优化工作方法

* 培训期间，老师全程辅导

以我们的培训经验，这种训战结合的方式能够让学员将学习和工作结合起来，老师和销售团队管理者也能在实战过程中及时发现学员工作中的问题，并提供针对性的辅导。

2. 全员导师制

前面我提到过"老带新"的问题，并且指出这一制度如果不配合相应的激励和考核制度，很容易流于形式。华为的"老带新"

可以称作"全员导师制"，这是一种全面关怀新员工成长的制度。在这一制度下，每位新员工加入公司后，都会被分配到相应的部门，并由部门指派一名资深员工作为导师。这位导师不仅要负责指导新员工掌握业务知识和技能，还要在生活上给予关心和帮助，如提供食宿的建议。这样的制度有助于新员工快速融入团队，提升其工作表现和生活质量。

导师的资格并不受工作年限的约束，只要是正式员工并且对部门业务熟悉，就有资格担任。导师在员工培养中扮演多重角色，他是业务上的教练和榜样，指导新员工的工作方法和需要注意的环节，是新员工在遇到困难时可以寻求帮助的人，也是思想和生活上的引导者。他提供全方位的辅导，帮助新员工成为符合华为要求的人才。

华为对"全员导师制"的重视体现在其对导师和所带员工表现的定期考核上。如果新员工未能顺利通过转正答辩，部门领导会与导师进行沟通，分析原因。这可能是员工自身的问题，也可能是导师辅导不足。导师如果存在责任，会被提醒改进。相反，如果员工在转正答辩中表现突出，导师也会得到相应的激励。我在2009年担任存储产品线国内市场部的导师时，曾获得优秀导师证书。

更重要的是，华为将"全员导师制"提升到了培养接班人的层面，并通过制度的形式做出了严格规定：未担任过导师的员工不得被提拔为干部；不能继续担任导师的员工也不得晋升。这样的设置不仅旨在帮助新员工，也是为了培养未来的管理人才。

（二）重视内部资源的使用和沉淀

1. 内部经验沉淀

一旦形成了标准的操作方法，就可以将经验沉淀下来，供团队学习和培训。我通常会帮助所辅导的企业制定自己的销售打法书，将其作为员工培训的第一教材。销售打法书的具体内容将在第七章中展开，你可以简单地将其理解为关于公司产品销售对象和成交方法的经验总结材料。

图 4-4 展示了华友汇顾问带领某销售团队输出并推广销售打法书的流程。顾问会参与到一线销售工作中，从不同层级和区域的案例中提炼出标准操作方法，进行推广分享，并培养内部讲师。这样，内部讲师在顾问离开后，可以扮演"顾问"的角色。

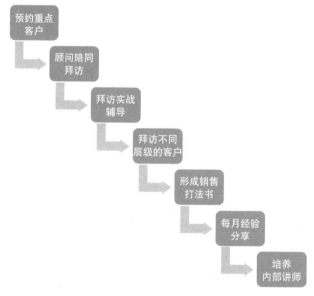

图 4-4　销售打法书输出流程

2. 最优秀的人培养更优秀的人

最优秀的人培养更优秀的人，就是让销售干部们成为内部讲师，分享他们的经验。华为就是这样做的。最初，华为主要依靠引入外部讲师进行培训，但随着公司的发展，现在华为有数千名内部讲师，他们覆盖了近80%的培训项目。

表4-4展示的是一个销售集中培训项目。这个项目的优点是培训内容完整丰富，但问题也很明显：缺乏内部讲师，企业相关责任人只是负责考试、小组展示和一些流程性事务，而一些核心课程，如商务礼仪、营销技巧等，都是由外部讲师来培训的。因此，整个培训下来，学员会感觉这个培训不接地气，讲的不是他们在一线常见的内容。这是因为这些讲师都不是自己公司的，他们讲的都是通用性知识。

表 4-4　销售集中培训项目

天数	时间	课程/项目	讲师/负责人
第一天	08:30—08:40	学员签到	企业相关负责人
	08:40—09:30	开营仪式	企业相关负责人
	09:30—12:00	产品培训	企业内部讲师
	14:00—17:00	产品培训	企业内部讲师
	18:45—19:00	拍合影	企业相关负责人
	19:00—21:00	晚自习	企业内部讲师
第二天	09:00—12:00	商务礼仪	外部讲师
	13:45—14:00	小组展示1	企业相关负责人
	14:00—17:00	科技行业销售人员的六项基本功训练	外部讲师
	19:00—21:00	晚自习	企业相关负责人
第三天	09:00—12:00	客户拜访与关系建设	外部讲师
	13:45—14:00	小组展示2	企业相关负责人
	14:00—17:00	销售秘籍1	外部讲师
	19:00—21:00	实操考试	企业相关负责人

（续）

天数	时间	课程／项目	讲师／负责人
第四天	09:00—12:00	销售秘籍 2	外部讲师
	13:45—14:00	小组展示 3	企业相关负责人
	14:00—17:00	销售项目运作	外部讲师
	19:00—21:00	考试 1	企业相关负责人
第五天	09:00—12:00	寻求深度合作机会的顾问式销售方法	外部讲师
	13:45—14:00	小组展示 4	企业相关负责人
	14:00—17:00	解决方案营销方法	外部讲师
	19:30—20:30	考试 2	企业相关负责人
第六天	09:00—12:00	从市场拓展到销售线索	外部讲师
	13:45—14:00	预热活动	企业相关负责人
	14:00—15:00	产品培训	企业内部讲师
	15:10—16:00	产品培训	企业内部讲师
	19:00—21:00	晚自习	企业相关负责人
第七天	09:00—12:00	销售业务管理工作坊	外部讲师
	13:45—14:00	预热活动	企业相关负责人
	14:00—17:00	销售人员的自我修养	外部讲师
	19:30—20:30	考试 3	企业相关负责人
第八天	09:00—12:00	学员答辩	外部讲师与企业相关负责人共 5 人
	14:00—16:00	学员答辩	
	16:00—16:45	企业战略解析及销售目标分析	企业相关负责人
	16:45—18:00	出营仪式	企业相关负责人

　　将销售干部们培养成内部讲师，让他们分享自己的成功经验和案例，是提高培训内容实用性和针对性的有效做法。这样的做法可以使培训更贴近实际工作，帮助团队成员掌握更多实用技能，从而提升整体工作表现。

(三) 不要忽视循环迭代

循环迭代培训策略具有两层含义：第一，每次培训结束后都应进行复盘和总结，以不断优化下一次培训的内容。这包括从多个方面审视培训效果，并思考如何改进；第二，即使是已经培训过的内容，也应该多次重复以加强培训效果。有些技能可能需要多次培训才能掌握，而且随着时间的推移，人们对于课程的理解和吸收能力也会发生变化。为了确保销售人员真正掌握了技能，销售团队管理者需要不断地进行培训以便强化。

许多经典的主题需要每年都安排学习，表4-5是某公司为优秀的销售人员设立的年度培训项目。这种循环迭代培训的方式有助于确保团队成员持续学习和成长，从而提高整个团队的工作表现。

表 4-5　某公司为优秀的销售人员设立的年度培训项目

阶段	天数	课程／项目	学习／考核形式
第一周 （总部集训）	第一天	开营仪式	视频
		文化墙讲解学习	面授
	第二天	公司服务产品学习（1号产品）	面授
	第三天	公司服务产品学习（2、3、4号产品）	面授
	第四天	公司服务产品学习（5、6、7、8号产品）	面授
		组合拳课程	
	第五天	述职大会	面授
		学习总结心得10条	
	机动	参加客户交流1次	客户拜访心得
	周末	华为"铁三角"视频学习	学习心得

（续）

阶段	天数	课程 / 项目	学习 / 考核形式
第二周 （总部集训）	第一天	产品合同合规及沟通要点	员工现场讲解演练，辅导员检核
		市场拓客流程及管理制度学习、CRM① 系统使用培训	
	第二天	客户分析及项目建议书制作学习	CRM 系统录入线索 10 条、客户 5 条
		销售成功案例分享、销售工具包学习	
	第三天	实战模拟考核	项目建议书制作，员工现场讲解演练
	第四天	新入职员工培训 + 结营	面授
	机动	参加客户交流 1 次	客户拜访心得

① 客户关系管理（customer relationship management，CRM）。

这种培训通常在销售淡季举办，此时销售工作相对不繁重，公司可以组织线下培训，让销售团队统一思想，了解下一步的工作方向，总结和分享好的技能、方法和心得，并通过不断学习和复习来加深印象，提高销售能力。

总结本节内容：培训是打造销售铁军不可或缺的一环。销售团队管理者作为培训工作的第一负责人，在观念上应树立有效培训的意识，方法上应学习标杆企业的优秀经验，要时刻审视问题，并始终关注实战导向，关注内部资源，关注循环迭代培训。

培训是一个广泛的话题，本节聚焦于实战中的核心问题。有关新员工入职学习的内容，可以参考我的另一本书《华为销售法》，其中详细介绍了如何进行新人融入和基础技能培养。

第五章　销售业务管理

第一节　销售项目运作

　　作为勇将，销售团队管理者要在销售项目运作中建设企业内部的五条关系线，同时也要了解项目发展的规律。本节主要讲销售项目的六个阶段及对策，销售团队管理者应掌握项目发展的规律，并利用好规律拿下企业客户。销售项目有六个阶段（见图 5-1），分别是采购需求产生、内部准备、方案设计、评估和比较、投标竞争、采购实施。

图 5-1　销售项目的六个阶段

一、采购需求产生

企业客户的员工发现在实际工作中需要某种产品或服务,当他们将这个需求上报到管理线,并得到内部初步认可同意继续推进时,一个明确的采购需求就产生了。

例如,某大学因为有多个分校区,学生有同时上课的需求。授课老师提出需要视频教学系统,校长同意且给予经费预算支持,这时,该大学的视频教学系统的采购需求便产生了。

在采购需求产生阶段,销售人员最重要的工作是尽早介入项目,越早越好。因为介入越早,越容易引导企业客户,销售人员的意见更容易被企业客户接受,并且有充足的时间来说服企业客户。即使后来有竞争对手介入,大部分情况下也是以我方销售人员的意见为主要参考。

华为 2005 年在马来西亚拿下某医院的项目就是因为介入早,在竞争对手尚未察觉的情况下,和客户有充足的时间交流,对他们的网络改造需求有全面的了解。同时,我们团队也发现客户对于服务的及时响应非常重视。了解到原来的供应商提供的售后服务越来越差,客户很不满意,这些信息使得我们团队特别重视售后服务。

同时,在采购需求产生阶段对销售项目有更深层的把握,有利于销售人员了解客户的心理,优化销售方案,并有针对性地宣传自己产品或服务的优势,从而说服客户。

2004 年，华为参与了西南某企业的网络安全项目。该企业的需求是确保网络通信内容的安全。通过拜访企业，我们团队发现了一个明确的需求，即客户对维修服务非常重视。一旦需要维修服务，供应商的技术人员就必须进入他们的办公区域。客户对这一点非常敏感，因此希望企业采购时优先考虑国产品牌。为此，我们团队强调了华为的国产品牌背景，并顺利推进了项目。

二、内部准备

企业客户内部产生明确需求后，用户线和技术线开始介入项目，共同讨论和评估最适合的方案和产品。以大学视频教学需求为例，老师和技术部门会共同考虑以下几个问题：什么样的硬件设备最适合（包括显示屏的大小、清晰度要求等）；什么样的软件系统最能满足教学需求（包括其功能、易用性等）；选择国外品牌还是国内品牌，每个品牌的优势和劣势是什么；售后服务响应速度和技术支持水平如何等。

通过讨论这些问题，用户线和技术线可以共同确定一个最佳解决方案，以满足教学需求。

采购线和管理线也可能会介入。采购线主要考虑系统的价格，确定预算等；管理线则要了解项目基本情况，确保产品的选型可靠。

　　在这个阶段，销售的重点工作是技术方案的引导以及企业关系运作。销售人员应尽快接触企业的 5 条关系线，并有针对性地发展 Coach。销售人员在尽可能短的时间内拜访所有关系线，了解企业内部情况及态度，发展支持者，识别反对者和竞争对手的Coach 等。在这个阶段要让 Coach 告诉销售人员项目该怎么做，并得到他们的帮助。

　　在华为工作期间，我通常在与企业客户接触的第一天就会拜访 2～3 条关系线。通过频繁走访，争取在两天内拜访完项目涉及的所有角色。然后，我会综合评估情况，从最容易发展支持者（也就是 Coach）的关系线入手。

　　例如，在 2005 年马来西亚某医院项目中，我们团队在接触到客户的技术线和用户线后，发现对方的技术工程师对我们团队态度友好，并对原有设备供应商有较大意见。于是，我们团队注意与对方的技术工程师建立良好关系，并准备了有中国特色的精美礼品如茶叶、刺绣等，他们欣然接受。随后，我们团队安排了会面，他们介绍了许多项目情况，特别是强调了服务的重要性，这对我们团队赢得项目非常有帮助。

　　再例如，在 2004 年西南某企业的网络安全项目中，我们团队通过用户线 Coach 得知，企业客户在内部讨论阶段，由于自身技术部门不够专业，特地委托了设计方，因此设计方的意见成为项目成败的关键。因此，我们团队调整了工作方向，重点发展与设计方的关系。

三、方案设计

在企业客户对需求有了比较准确的定义后，销售人员需要形成一个具体的方案。在项目中，明确并突出自己的优势至关重要。方案中要包含在技术指标、品牌、价格、服务等方面的比较，强调自己的优势。

如果竞争对手在售后服务方面存在短板，不能 24 小时响应，销售人员就要强调自己公司能够提供 24 小时响应、3 小时内到现场的服务。

如果公司拥有某项独特的技术指标，那么销售人员就要大力宣传和推荐，让客户认可并写入招标方案的技术要求。如果公司的某些技术指标不如竞争对手，销售人员可以强调提供的所有产品都能满足实际工作需要，坚持某些指标没有必要定得过高。

如果价格方面各方的竞争水平相似，销售人员可以突出品牌的优势，如国产品牌的优势或服务的优势。

总之，在方案设计阶段，销售人员要利用独有优势来超越竞争对手。

例如，在 2004 年西南某企业项目中，该企业的网点达 1000 多个，需要每天晚上和行业主管单位同步数据，对数据安全非常重视，要求网络安全设备能够快速检查数据。华为的设备在数据检查速度方面的性能优于竞争对手，我们团队就选择引导技术方案，强调此项指标要求对该企业的作用，从而使华为的评分更高，超越竞争对手。

四、评估和比较

在这个阶段，各个竞争对手都已经参与到项目中，并分别提出技术方案，客户开始进行分析和比较了。客户通常不如销售人员专业，他们只了解部分技术，对技术方案的理解可能不够深入。这正是销售人员引导客户的时机。销售人员要突出自己技术方案的优点，尤其是通过过往成功案例来说明此技术方案的可行性。销售人员可以整理以前客户写的表扬信并制作成手册，向客户展示。

华为非常注重总结每个行业的成功案例，并制作成手册。这些手册多达几十页，制作精美。华为总部整理了上百个行业的成功案例集，提供给一线代表处。销售经理拜访企业客户时会选择对应行业的案例集，送给企业客户查看。

在这个阶段还可以邀请企业客户参观样板点，通过实际展示来增强说服力。百闻不如一见，如果企业客户同意参观样板点，这无疑是给了销售人员进一步宣传自己的机会。

五、投标竞争

进入招标阶段，企业客户需要拟定招标文件，技术线、采购线和管理线都会介入。招标文件中会包括投标方的资质、技术指标，以及确定评分方法和评分标准，这些都是影响项目成败的关键因素。

这个阶段是项目运作的关键时刻，各竞争者都会努力争取使企业在招标文件中写入对自己有利的条件，同时为竞争对手设置门槛，限制竞争对手。

项目的竞争最终还是企业关系的竞争。这就要求销售人员全面接触企业内部关系。在上一章中，我们学习了企业的五条关系线及相应的 Coach 的概念，这些都是可以在这个阶段中使用的工具。此时，Coach 的作用尤为重要，销售人员需要与他们建立良好的关系，讨论如何操作，实现超越竞争对手的目标。

六、采购实施

投标后，得分最高的投标方将胜出，进入项目实施阶段。维护企业关系至关重要，不能做一锤子买卖。

与老客户再次成交通常更容易，这是销售界的共识。一旦有了第一次成交，关系就会从不认识到认识，从局外人变成朋友，之后慢慢从供应商发展到合作伙伴关系，长期合作成为可能。

我通常在项目中标后，会关注项目供货进展，设备进场后开始项目交付实施，通常在一个月左右完成。然后，我会在一个月后联系企业，询问设备使用情况，维护客户关系。两个月后再次联系企业时，我会请求他们帮忙介绍新客户。只要对老客户服务好，他们通常会介绍他们熟识的企业给我。

例如，在马来西亚某医院项目中标后，我们团队提供了优质的服务，对方感到满意，并开始推荐新的客户给我们，这使得我们团队在医疗行业的发展越来越好。

掌握项目发展的六个阶段及应对策略，有助于销售人员清晰地了解项目发展的脉络，厘清项目运作的思路。

第二节   销售会议管理

销售会议是日常管理中的关键工具。作为销售团队管理者，掌握开会的技巧，提升会议质量，避免形式主义，这些是至关重要的。只有有效利用会议这一手段，才能更好地管理日常销售工作。

从会议内容来看，销售会议主要包括四大议题：第一，抓结果，检查销售目标达成率；第二，抓过程，检查重大项目的进展；第三，抓市场，检查市场活动情况；第四，抓团队，检查代表处的销售队伍建设，具体内容可参考图5-2。

抓结果 ——— 检查销售目标达成率

抓过程 ——— 检查重大项目的进展

抓市场 ——— 检查市场活动情况

抓团队 ——— 检查代表处的销售队伍建设

图 5-2   销售会议的四大议题

从会议类型来看，常见的有以下四种：第一，周、月、季度例会；第二，季度、半年、年度述职会；第三，重大项目分析会；第四，销售及支撑体系对接讨论会。

一、销售会议四大议题

1. 抓结果：检查销售目标达成率

销售会议的第一个议题是"抓结果"。这个议题也是最为关键的，它涉及检查销售目标达成率，包括进度是否符合工作要求，目标达成情况是否乐观，存在哪些潜在风险，有哪些不利影响因素，工作进展是否顺利，需要总部提供何种支持等。

地区销售管理部会重点检查各个代表处的销售进展是否顺利。如果发现销售结果未达到预期或工作进展不顺利，会议将讨论这个问题在代表处当地是否可以解决。如果代表处自身解决有困难，会议将讨论需要总部提供何种支持，比如销售人员、技术专家或者领导拜访等。通过这种方式，可以确保上下协同、齐心协力，推进销售目标的达成。

2. 抓过程：检查重大项目的进展

销售会议的第二个议题是检查重大项目的进展，也就是"抓过程"。在华为，重大项目按照组织层级进行分级管理，包括对国家代表处级、地区部级和业务群级等级别的重大项目的管理。不同级别的重大项目由相应级别的业务单位重点关注。

检查重大项目进展的具体内容包括了解该项目当前的发展态势，评估企业关系，管理线、技术线、采购线、财务线和用户线Coach 的发展进程。同时，在销售会议上也会讨论竞争对手的情况，包括他们的优势和劣势，以及自身的优势和劣势。在此基础上，制定策略以发挥长处、回避短处，并针对竞争对手的短板进行攻击。会议还会讨论当前项目所处六个阶段中的哪一个阶段，以及下一步计划采取哪些行动来推动项目，识别可能存在的困难，并探讨需要总部提供何种支持。销售人员通过这种方式，确保对重大项目的全面监控和有效推进。

在华为，重大项目也被称为"山头项目"。这个称呼形象地反映了这些项目的重要性。拿下这些"山头"，我们就能控制局面；丢掉这些"山头"，对手就会控制局面。因此，重大项目的成功与否对当地市场格局有着巨大的影响，同时也对我们与当地企业的关系建设有着长期的影响。因此，对于重大项目，销售人员需要敢于投入，而且是长期投入。由于实施重大项目的企业客户通常有持续的需求，销售人员的工作也是长期的，不成功不罢休。

无论是在国内市场还是国际市场，华为都是从小到大、从弱到强做起来的，对大企业的争夺是一个长期的过程。在早期，华为的销售团队也常常经历在和大企业接触的第 1 年或第 2 年失利，但这并不影响它们坚持发展企业关系，直到最终赢得这些大企业。

3. 抓市场：检查市场活动情况

销售会议的第三个议题通常是检查市场活动情况，包括讨论市场活动的策划及检查市场活动的落地情况。

对销售工作而言，市场活动是必不可少的，它可以帮助建立企业品牌，拉近企业关系，有利于建立和维护企业关系，同时销售人员还能在市场活动中发现销售线索，实现从市场活动到销售线索的转化。因此，策划什么样的主题活动尤为重要，这需要销售团队和市场部门共同讨论。

这种议题通常会邀请市场部门的同事参加，负责市场活动宣传的人员与一线销售人员一起讨论，针对当前市场情况，策划合适的主题活动。

2006 年开始，华为数通产品线的国际业务已经在 30 多个国家和地区落地，并初步建立了团队和企业基础。在这个阶段，为了进一步发展业务，各代表处需要针对重点行业展开市场活动，以实现更好的市场突破。各代表处会根据实际情况，选择急需突破的行业策划行业市场活动。在与华为总部市场部门讨论后，各代表处确定了各自的活动计划，例如印度的医疗行业活动、马来西亚的教育行业活动、日本的电子行业活动等。在这些市场活动的策划和执行过程中，华为总部市场部门提供协助，确保活动成功举办，不仅展示了华为的实力，吸引了新企业客户的参与，而且实现了代表处扩大市场、发展更多企业客户的目标。

4. 抓团队：检查代表处的销售队伍建设

销售会议的第四个议题是检查代表处的销售队伍建设。团队的战斗力对销售业务的发展至关重要，因此带兵打仗的勇将，还要时刻注意队伍的思想状态，成员有无畏难情绪、有无抱怨与不满。如果出现这些情况，要及时解决，以保持队伍的高昂士气，激发队伍的激情和动力。

在关注干部和成员的业绩时，如果发现业绩异常，就要检查其背后的原因，判断是态度原因还是能力原因。如果是个人状态不好，则需要及时调整；如果是个人能力不足，则需要及时提供培训。

例如，某代表处曾有一名干部，到一线工作后未能进入工作状态，态度消极，每天主要关注新闻和股票，而不是积极地开发企业客户和代理商，这种行为引起了团队其他成员的不满。经过与总部领导的讨论，决定将他调回总部，以便更好地解决问题。这样的决策有助于维护团队的整体士气和效率。

二、四大会议类型

从会议类型的维度来看，常开的会议有例会、述职会、项目分析会和对接讨论会，一般而言，销售例会每周都要开。不同会议类型在内容上各有侧重。

1. 周、月、季度例会

周例会是统一思想、统一行动，梳理整个销售情况的重要会议。每个团队的每位销售人员都应参加，不允许请假。周例会涵盖了四个会议议题：

- 审视销售数据，了解与目标的差距。
- 检查工作计划进展，明确下一步的工作重点。
- 进行销售人员的经验分享。
- 同步最新的政策和信息。

周例会与周报应相互配合，周报中应结构化地体现会议内容。建议采用表格形式编写周报个人看板，将关键信息分类放置，以便管理人员快速识别信息。还应制作团队总看板，进行统一的项目管理和数据管理。使用 Excel 或将周报嵌入内部管理系统都是可行的方法。每家公司的周报呈现方式可能有所不同，这里提供一个模块化的示意图（见图 5-3）。

图 5-3　销售周报个人看板示意图

严格管理周例会有助于塑造团队的执行力，从严管理才能培养出能打硬仗、打胜仗的团队。作为销售团队管理者，这件事不能有任何折扣。周例会必须准时召开，全员按时参加，并且要求整场会议高质量，不能仅仅是汇报流水账或走过场。

月例会、季度例会也是常规会议。当月例会、季度例会和周例会在同一周召开时，可以只召开一个会议，其他会议如有冲突同理。

2. 季度、半年、年度述职会

很多公司将述职会安排在年末，形式大于实际。那么，有效的述职会要输出什么内容呢？以下六项内容是必备的（见图 5-4）。

图 5-4   述职会的六项内容

- 销售目标及差距：季度、半年、年度销售目标是什么，已经完成了多少，还差多少，这项内容将通过图表的形式进行分析。这项内容可以包括销售额、成本、利润等具体的数据点，以直观展示销售目标的完成情况。
- 核心工作总结：从产品、区域、企业的维度分析业绩；分析现有问题，深挖原因，并且制定改进策略及完成时间规划。分析问题的重点应放在销售人员自身需要改进的方面，以便有针对性地提升业绩。
- 市场分析：包括大企业合作分析、重大项目进展分析、销售漏斗情况分析（见图 5-5）以及竞争对手分析——了解竞争对手的人数、办事处分布，他们的主打产品是什么，以及自己与竞争对手相比的优势和劣势（如财务、账期、价格等方面）。

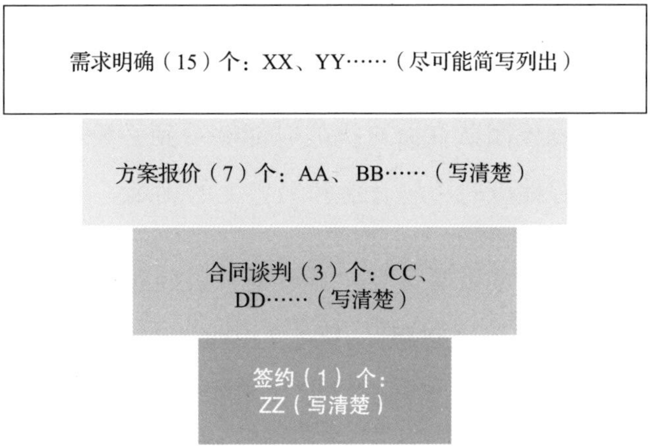

需求明确（15）个：XX、YY……（尽可能简写列出）

方案报价（7）个：AA、BB……（写清楚）

合同谈判（3）个：CC、DD……（写清楚）

签约（1）个：ZZ（写清楚）

图 5-5　销售漏斗情况分析

- 组织建设：讨论招聘和培训的需求、团队建设的需求以及需要其他部门协同的工作规划等。
- 工作计划（见表 5-1）：在前面内容的基础上，结合市场分析，制定季度、半年、年度的工作计划。这些计划应遵循 SMART 原则[⊖]，以确保计划的可执行性和可量化考核。

表 5-1　第 × 季度工作计划

第 × 季度工作目标				
第 × 季度目标达成要素规划		计划进度及完成时间		备注
序号	具体内容	第 1 个月	第 2 个月	第 3 个月	

⊖　即具体的（specific）、可以衡量的（measurable）、可达到的（attainable）、相关性（relevant）、明确的截止期限（time-bound）。

- 困难和求助：秉承"小改进大奖励，大建议只鼓励"的原则，讨论下阶段需要公司提供怎样的资源或支持。这一部分旨在确保团队在面对挑战时能够得到必要的支持和资源，从而更好地应对市场开展和销售上的困难。

述职会的内容可以概括为"看数据，讲问题，定计划"。通过分析数据，识别存在的问题，并制订相应的改进和行动计划。除了年度述职会，我还推荐召开季度和半年述职会。华为会召开季度、半年和年度述职会，述职会上的表现会影响员工的绩效评估和晋升机会。

3. 重大项目分析会

在各级业务单位的销售会议中，应包含项目分析环节，针对重大项目进行深入分析，或者单独召开重大项目分析会，制定策略并对已完成的项目进行经验总结和分享。

无论项目最终成功还是失败，都应召开重大项目分析会进行总结。通过总结成功经验和失败教训，让团队成员共同学习成长，提高项目运作和项目管理的能力。

重大项目分析会通常包括以下几项内容。

- 完善背景资料：由负责项目的销售人员汇报，强调"当日事当日毕"，确保企业拜访纪要表及时提交给相关人员及主管。必要时，可以将主要议题及达成的共识发给客户确认。表 5-2 为企业拜访纪要表。

表 5-2 企业拜访纪要表

拜访时间		会面地点		拜访对象	（客户姓名及职务）
参与人员					
主要议题及达成的共识	议题1：				
	共识1：				
	议题2：				
	共识2：				
	......				
	......				
是否有下次拜访/会面计划	是/否	下次拜访/会面时间		下次拜访/会面主要安排	（简单描述，包括参与人员、地点、主要议题及预计达成目的）
编制人：		审核人：		审批人：	

- 企业决策链分析：形成同类企业经验沉淀，分析项目中的决策人，了解目前已做通的企业关系线以及竞争对手在各条关系线上的情况。
- 竞争对手分析：全面分析竞争对手的情况，包括组织架构、产品特征、技术方案、产品价格，最终形成市场地图。
- 综合分析：综合分析市场、竞争对手和自己的目标、资源，形成策略。
- 标书主要条款分析：洞察背后的情报，找出可能的控标点。
- 策略分析：在前面5项的基础上，进行自己的策略分析。
- 项目经验复盘总结：分析成功或失败原因，形成新的打法，并落实执行。

4. 销售及支撑体系对接讨论会

这个会议是销售部门与支持部门（包括技术支持、研发、供应链等）之间的定期沟通会。在会议上，所有部门的代表都会出席，有些问题可以当场解决，例如供应链的备货发货问题或市场部门与销售部门的协作问题。通过对接讨论会，部门之间建立了信息互通的桥梁，有助于在公平、公正、公开的氛围中化解部门矛盾，促进各部门的相互支持。

在过往的咨询服务中，我会辅导企业把这四种销售会议导入到日常管理中，形成公司自己的机制。在导入后，可以明显感受到销售团队的精神面貌改善、管理效率提升，这就是在日常管理中强化执行的结果。

三、会议中的销售数据管理

对销售团队管理者来说，数据信息是一切管理的基础，是指引我们进行下一步管理动作的客观依据。

从数据类型来看，以下六类数据是必备的：企业信息、项目信息、订单预测、报价单、业务流程数据、市场信息，每一类都有独特的价值。因此，销售团队管理者要带领销售人员主动收集这些数据。

（一）企业信息

我们这里所指的企业是能够带来销售收入且值得投入资源的实体。一旦销售人员接触到这样的企业，就需要为其建立企业档案，即进行"企业信息注册"，相当于这家企业正式在我司有了备案。企业档案中包含的具体信息如表5-3所示。这些信息是闭环管理的基础，对销售人员的销售和市场策略制定来说至关重要。

表 5-3 企业档案模板

企业编号	企业名称	企业所在地	企业所属行业	办事处	企业联系人信息	职务	手机	微信号	邮箱	我司销售人员	企业网址	企业基本情况
0001	X 公司	A 省 a 市	社会组织	办事处 1	张三	董事长				A 某		成立年限、员工人数、年营收、与我司的合作情况等
0002	Y 公司	B 省 b 市	教育	办事处 2	李四	技术总监				H 某		
0003	Z 公司	C 省 c 市	医疗	办事处 3	陈六	法务总监				S 某		

- 企业编号：企业唯一标识，由销售管理部统一管理、统一发放，后续的签约合同编号、项目编号也可以通过企业编号查询，有利于打通信息流。
- 企业名称：营业执照、公章上的企业全称。
- 企业所在地：记录所在省和市，有助于绘制市场地图。
- 企业所属行业：有子行业的也要记录下来，有助于形成行业地图。
- 办事处：记录我司的销售人员所在的分公司或办事处，有助于属地管理。
- 企业联系人信息：这是企业的宝贵财富，需要重点关注，掌握的企业联系人信息应全部写明。
- 我司销售人员：他是我司和对方谈业务和商务合作的唯一接口。
- 企业网址。
- 企业基本情况：包括不限于成立年限、员工人数、年营收、与我司的合作情况等。

企业数据管理有两个重点：第一，一旦企业建立了档案，拜访企业、邀请企业参加活动、给企业申请折扣等事项都应在系统中如实记录，并与企业编号相关联，这样市场拓展行为就能得到积累并实现全流程闭环监管；第二，当某销售人员为企业建立了档案，这个企业的相关业务就由他处理。收集到这个企业的任何信息都要向挂名的销售人员汇报，我司与对方的所有联系都由这个销售人员来传递。

（二）项目信息

与企业档案类似，不管是重要项目还是普通项目，只要是可能取得业绩的项目都要报备。表 5-4 是项目档案模板。

表 5-4　项目档案模板

项目报备号	办事处	项目所在省	项目所在市	企业名称	项目名称	项目所属行业	预计项目金额（万元）	预计主要设备及数量	预计交付时间	项目阶段	把握度	备注
0001-1	办事处 1	A 省	a 市	×公司	××	社会组织	80	型号 1×个 型号 2×个	2022 年 10 月底	方案报价	70%	

- 项目报备号：项目报备号由企业编号和自定义编号组成，是项目的唯一标识。
- 办事处：指销售人员所在的办事处或分公司，用于未来进行统计分析。
- 项目所在地：记录所在省和市，有助于绘制市场地图。如果项目所在地不是销售人员所在地，需要单独列出。
- 企业名称：与企业档案中的名称一致。
- 项目名称：项目的具体名称。
- 项目所属行业：项目所属的行业类别。
- 预计项目金额：企业客户的预算。把握度指项目成交的概率，它与预计项目金额相关联，销售人员可以结合把握度计算项目价值。例如，预计项目金额为 1000 万元，但是成交的概率为 30%，则对销售人员来说这个项目的价值为 300 万元，在销售预测时也是以 300 万元为基础。
- 预计主要设备及数量：预计项目中使用的主要设备和数量。

- 预计交付时间：预计项目的交付时间。
- 项目阶段：指当前在 To B 销售六个阶段中所处的阶段。
- 把握度：指项目成交的概率。
- 备注：其他内容。

项目信息管理有三个重点。

1. 项目 / 企业客户分级管理

对项目（企业客户）的重要程度进行分类，以便各部门更好地协同工作。各部门根据项目级别就能知道如何提供相应的支持。例如，一个大型项目被分类为 A 级，那么在接待规格和市场资源分配上，都会以 A 级标准进行。

2. 重大项目管理

那些成交概率较高且具有重要战略意义的大型项目，应该被特别标注并进行立项，作为重大项目进行管理。对于这些项目，可以每周或每两周举行一次重大项目分析会，详细讨论项目的进展和策略。

3. 单一公司的多个项目管理

一个公司可能同时进行多个项目，每个项目都需要单独跟进和管理。

（三）订单预测

订单预测的目的是通过预测订单金额，及时通知供应链上各环节提前采购，避免采购峰值导致来不及生产。订单交付的目的是根据订单提前进行生产排期，保证项目的准时交付。

我服务过一家生产电力产品的制造企业，年销售额约为 12 亿元。该企业面临的主要问题是销售人员在订单处理上承担了过多的职责，例如生产排期，他们需要直接联系生产车间办公室来催促订单。在订单交付紧急的情况下，销售人员甚至直接与负责生产交付的厂长沟通以加快进度。多年来一直采用这种做法，令该企业的董事长感到非常困扰，不知如何解决。

经过深入调研，我建议企业建立一个销售管理部，统一负责订单处理，包括订单预测和订单交付。该企业采纳了这一建议，进行了组织结构改革。半年后，改革取得了显著成效，董事长的烦恼也随之消散。

用于预测的数据主要是来自销售人员或代理商的上报。我们可以将这些数据的汇总过程想象成一棵树，从树根末端开始向上汇总，汇集到树根，最终汇聚到主干。总部作为主干负责对这些数据进行分析和计算，确定如何安排生产。

预测之后，必须有相应的检查机制。销售管理者每月都会检查上个月是否按照计划执行，以及实际与预测的差距。如果发现实际与预测相差较大，例如，如果预测的订单量是 80 万，但实际只有 20 万，或者实际达到了 180 万，无论是低于还是高于预期太多，都表明存在问题，就需要检查问题的根源，并探讨如何改进。这样的分析和调整有助于企业更好地控制订单流程，提高运营效率。

（四）报价单

报价单的制定并非随意决定，而是遵循严格的决策流程。如图 5-6 所示，这是一个典型的报价单决策流程。

图 5-6　报价单决策流程

首先，产品部负责确定可销售产品清单，该清单包含所有产品的详细信息，如详细尺寸、最小订货量、型号、实物图片等。接着，这份清单会被提交给定价中心，由定价中心根据产品信息给出成本价。最后，销售管理部或其他相关部门会根据成本价设定各级别的销售价格，包括但不限于常规价格、公司内部紧急授权体系的价格、代理体系的价格等。

报价单一旦确定，就需要注意其管理。有些销售人员在获得报价单后，会立即将其转发给所有企业客户，这种做法必须禁止。因为这样做不仅会导致后续无法进行选择性报价，还可能将报价信息泄露给竞争对手。因此，销售团队管理者需要培训销售人员，指导他们正确使用报价单。

（五）业务流程数据

业务流程数据是衡量业务健康状况的重要指标，它反映了业务的晴雨变化。这些数据不仅是后续实施奖惩和优化流程的依据，也是改进和提升业务效率的关键。因此，业务流程数据的统计和保存至关重要。

业务流程数据主要包括以下几类数据点：订单信息、业绩信息、特价审批信息。表 5-5 展示了这些数据的流程制度和数据要点。

表 5-5　业务流程数据清单

数据类别	流程制度	数据要点
订单信息	订单处理流程	订单号、下单日期、企业名称（企业编号）、项目名称、标准单价、数量、进货价、进货净价、特殊执行信息、收货人、收货地址、我司销售人员等
业绩信息	业绩发布流程	订单号、下单日期、企业名称、项目名称、项目所在省和市、项目所属行业、订单金额、计入业绩金额、我司销售人员等；明细表则将所有设备型号及数量单行列出
特价审批信息	特价申请审批流程	企业信息、项目背景、特价申请原因、申请价格及审批结果

1. 订单信息

订单信息是在下单过程中产生的第一个流程数据。销售人员需要记录订单价格的来源，如果下单过程中出现非标准价格，原因也要详细记录。此外，下单过程中的特殊执行信息，如返点、优惠、活动等，也都需要一一记录。这样，在后续回顾时，就不需要再次询问相应的销售人员，而可以直接查看记录了。

2. 业绩信息

业绩信息对销售人员和渠道来说都非常重要。渠道返点和销售人员绩效都是基于业绩信息来确定的。销售管理部负责发布业绩信息汇总，通常每月或每季度更新一次。在发布前，需要先由销售团队管理者确认无误，再向所有人公布。

3. 特价审批信息

特价审批的相关信息必须在系统中记录清楚。这样即使销售人员离职，通过查看记录仍然能够厘清特价审批的情况，避免出现混乱或未结的账目。这些记录有助于保持销售数据的透明度和可追溯性。

（六）市场信息

市场信息的来源和用途非常广泛。主要来源包括以下两个。

1. 企业档案和项目档案

这些档案中包含了企业所在城市、所属行业等关键信息。通过表单统计，销售人员可以了解各个省份的企业客户分布情况，进而绘制行业地图和市场地图。这些数据有助于销售人员更准确地把握市场分布和行业动态。

2. 各种会议

特别是月度经营分析会、季度总结会、半年或年度述职会等。这些会议中展示的市场情况、行业情况、大企业及大项目情况都需要进行总结，以便进行竞争分析和机会点分析。

通过以上六类销售数据，销售团队管理者可以清晰地掌握销售的真实情况，从而调整销售团队的工作节奏，实现业绩的稳定增长。这些数据是销售团队管理者日常工作中必须重点关注的内容，对制定有效的销售策略和做出相应决策至关重要。

第三节　优化 CRM

CRM 系统是一个广泛用于销售管理的信息化系统和重要工具。然而，在许多公司中，CRM 系统仅仅被当作打卡工具使用，未能发挥其应有的管理作用。这种问题的根源在于没有从销售管理的视角来对系统进行管理和应用。

有效利用 CRM 系统，需要满足以下三个条件：

- 系统应允许用户自定义和修改各种预设表单中的字段（如"企业""联系人""销售机会"等），同时支持创建新的表单和审批流程。
- 销售人员和管理人员应能够在手机移动端和电脑端随时访问和使用系统。
- 系统应支持将各种表单和审批流程数据导出为 Excel。

只有满足这些条件，CRM 系统才能真正成为销售管理的得力助手，帮助公司更好地管理客户关系，提高销售效率。

一、CRM 的管理逻辑

简而言之，销售管理在 CRM 系统中的落实主要包括以下三个方面：目标设定、人（销售人员）的活动管理、事（销售机会）的推进管理。下面我一一展开讲述。

（一）目标设定

销售目标可以分为三种类型。

- 业绩目标：销售金额、利润、回款等。
- 企业目标：区域、行业、企业客户、市场份额等。
- 营销目标：4P（产品、价格、渠道、促销）策略及其分解到区域（最好是省级或市级）和个人的关键任务目标。

很多企业销售管理设定的目标只有第一类，缺少第二类和第三类。这种做法既不全面也不具体，它反映的是滞后的结果管理，而非先导的过程牵引。在复杂的 To B 销售系统中，这种做法自然无法获得良好的效果。

（二）人的活动管理

人的活动管理涉及销售人员销售行为的执行情况和效果，例如，进行了多少次陌生客户拜访以及结果如何，是否运用了标准销售流程（"三板斧"）以及效果如何。

第一，需要管理活动的饱和度，即确保销售人员保持忙碌状态，为此，需要设计、发布并考核每周、每月、每季度的活动次数。

第二，需要关注活动的有效度，即这些活动是否始终专注于关键区域、关键行业和关键企业，是否有明确的目标引导，是否稳步推进，而不是仅仅追求订单数量。

可能会有读者疑惑，销售人员的薪酬绩效（影响其意愿）和培训演练（提升其能力）是否不重要？当然不是，薪酬绩效的重要性在于顶层设计，发生在项目运营的初始阶段；培训演练的重要性在于底层基础，发生在工作之外。销售人员活动的管理则是销售管理的核心支撑，它发生在每时每刻。

（三）事的推进管理

对事的管理本质是销售漏斗管理（见图 5-7）。

图 5-7　销售漏斗

销售漏斗可参阅我的另一本书《华为销售法》学习。销售漏斗管理有三个重点。

1. 销售阶段划分和推进

基于本章第一节内容，从线索到现金，一定要划分出数个可观测到阶段性输出的阶段，这样销售人员汇报销售进展的表述方式才能统一，如："项目现在进入阶段 N，准备阶段输出 YYY。推进到下阶段 M 的障碍是 ZZZ，措施是 AAA，请上级提出建议。"基于此汇报，销售管理者可以构造出基本销售漏斗，以此描绘几十数百个项目的整体情况。

2. 重要性区分和资源匹配

从线索到现金，销售机会的重要性在金额、企业、产品、竞争等维度上有明显不同，我们要在重大项目上系统投入更多资源，数量只占总项目数 20% 的重大项目可能产生 80% 的销售额，这在大多数 To B 销售中成立。对中小企业来说，最直接有效的资源是各级管理者的关注度。公司级重大项目由公司高管每周开会关注，团队级重大项目由销售一把手和团队主管每周开会关注。

3. 销售预测

每个销售机会从线索开始，都要不断地预测销售金额，随着阶段推进，预测越来越准确，销售人员越来越有信心。前面提到的数据点，CRM 中均可体现。

德鲁克说过，如果不能衡量，就无法管理。要有效管理目标设定、人的活动、事的推进，信息化是必要的基础条件，而 CRM 系统是销售管理信息化的好工具。

如果一家企业无法每周准确、清晰地列出销售结果数据（包含合同金额、交付金额、回款金额）、销售人员活动数据（如当面拜访次数、远程跟进情况）以及正在进行的销售项目过程数据（如项目数量、预期金额、当前所处阶段等），并且不能围绕这些数据有效地进行分析并制定改进措施，那么这家企业的销售管理水平不及格。

二、CRM 定制化设置

接下来，我们将基于上述管理逻辑修改 CRM 设置。

（一）目标设定管理设置

通常 CRM 系统的目标管理模板只预设了业绩目标，缺少企业目标、营销目标，建议按以下步骤在 CRM 系统中自建"目标管理体系"。

第一步，目标制定和分解：制定销售团队总的业务目标并层层分解到一线销售人员。

第二步，目标上线：销售团队管理者使用 CRM 系统自定义表单功能，将以上目标体系设置为"业务目标"卡片。各级销售人员在 CRM 系统中创建目标卡片，填入各项目标值。

第三步，目标管理：自定义功能强的 CRM 系统可由销售团队管理者创建目标管理看板，一边引用目标卡片中的目标值，一边引用后文提到的"人的活动""事的推进"中的数据，形成目标和现状的比较。自定义功能不强的 CRM 系统可每周将"目标卡片""人的活动""事的推进"导出为 Excel，由销售团队管理者拼成"目标管理看板"，在周例会上使用。表 5-6 是一个销售管理看板样例。

表 5-6   销售管理看板样例

目标市场理论总规模						
应参与空间规模		应参与份额				
公司目标		参与目标份额				
当前预测年销售额（元）		当前预测年底目标完成率				
当前销售额（元）		当前实际目标完成率				
跟进状态	当前企业数量	客户年采购量（元）	目标年销售额（元）	目标月度阶段转化率	阶段预测年销售额（元）	当前销售额（系统员维护）
1.0 线索客户						
1.1 电话验证						
1.2 待拜访验证						
1.3 验证无效						
2.1 需求挖掘						
2.2 提交方案						
2.3 达成意向						
2.4 首单突破						
2.5 首单交付						
2.6 获得新需求						
2.7 新增订单						
2.8 达到目标份额						
3.0 已丢单						
总计						

（二）人的活动管理设置

通常 CRM 系统中的活动管理功能相对全面，不需要进行定制，但更重要的是加强管理，并强制销售人员使用这些功能，确保他们能够做到"四个必须"（见图 5-8）。

图 5-8 人的活动管理的"四个必须"

这"四个必须"具体分析如下。

1. 拜访必须签到

每次拜访企业之后，销售人员必须在 CRM 系统中进行"签到"，同时上传位置信息和自拍照片，这与上班刷指纹门禁类似，是为了确保拜访的准确性和及时性，不应理解为不信任员工。

2. 跟进必须记录

每次拜访企业之后，销售人员必须在 CRM 系统中填写"跟进记录"，包含拜访中获取的信息要点。无论是当面拜访还是通过电话、线上会议、邮件、微信对话等与企业进行有效互动，只要有一定进展或获取了重要信息，都应在 CRM 系统中记录。如果是简单的寒暄，没有实质进展或没有获取有价值的信息，可以不记录。

3. 跟进必须催生待办

每条"跟进记录"中必须创建至少一个"待办提醒"，记录接下来要采取的行动。To B 销售的核心理念之一是每次与企业互动时（如提交方案、报价、技术交流等）都要努力推动双方关系向前发展。如果无法从企业处获得明确的下一步行动承诺，应创建至少一个待办提醒，如"下周一打电话跟进"，并与上级或有经验的同事讨论更具推动力的方法。

4. 待办必须被办

一旦创建了待办提醒，必须在规定时间内完成待办事项。

如果每个销售人员都能做到以上"四个必须"，那么每周从 CRM 系统中导出这些数据，与公司和团队数据进行交叉分析之后，可以清晰地看到每个销售人员的活动饱和度和活动有效度。

表 5-7 展示了三位销售人员的周管理数据。

表 5-7　销售人员的周管理数据样例

主跟进人	项目	企业	本周签到次数	本周跟进记录项	待办提醒内容
高某	合计	39	10	10	9
	团队重点	4	3	1	1
	个人重点	13	7	9	8
	未标记	22			
陈某	合计	37	8	12	
	公司重点	2		1	
	团队重点	6	4	5	
	个人重点	7	1	2	
	普通	1			
	未标记	21	3	4	

（续）

主跟进人	项目	企业	本周签到次数	本周跟进记录项	待办提醒内容
王某	合计	20	2	1	
	公司重点	1	1	1	
	团队重点	2	1		
	个人重点	8			
	普通	6			
	未标记	3			
总计		96	20	23	9

接下来以高某为例进行分析。高某围绕 4 个团队重点企业客户进行了 3 次"签到"，但只填写了 1 次"跟进记录"，并创建了 1 次"待办提醒"。在个人重点企业客户方面，他进行了 7 次"签到"，填写了 9 次"跟进记录"，并创建了 8 次"待办提醒"。

高某值得表扬的是总共拜访了 10 次企业客户，平均每天 2 次，表明他的工作饱和度最高。然而，需要改进的是，他 70% 的工作时间花在价值较小的个人重点企业客户上，对团队重点企业客户拜访不足，跟进记录也不完整。这表明高某可能需要调整他的工作重点，以确保团队重点企业客户得到充分的关注和跟进，同时保持对个人重点企业客户的有效管理。

（三）事的推进管理设置

事的推进管理有以下三个重点：

- 销售机会阶段的划分和推进。
- 重要性区分和资源匹配。
- 销售预测。

通常 CRM 系统都有自带的销售漏斗管理页面（见图 5-9），但要完全实现上述三个重点，往往需要定制 CRM 系统。

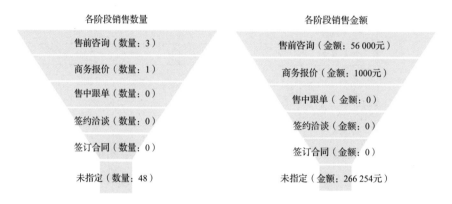

图 5-9　CRM 系统中的销售漏斗管理样例

定制点 1：在 CRM 系统销售机会表单的"表单设置"中，对"阶段"进行定制，按自身业务流重新划分销售机会阶段。如图 5-10 所示，原系统中预设的销售机会阶段是售前咨询、商务报价、售中跟单、签约洽谈、签订合同，我在指导公司的销售管理者时，会根据公司的情况调整各阶段。

阶段调整前	阶段调整后
售前咨询	确立机会
商务报价	方案输出
售中跟单	确认意向
签约洽谈	产品试用
签订合同	商务谈判

图 5-10　CRM 系统中的阶段定制样例

这样销售漏斗页面展示也随之变化（见图 5-11）。

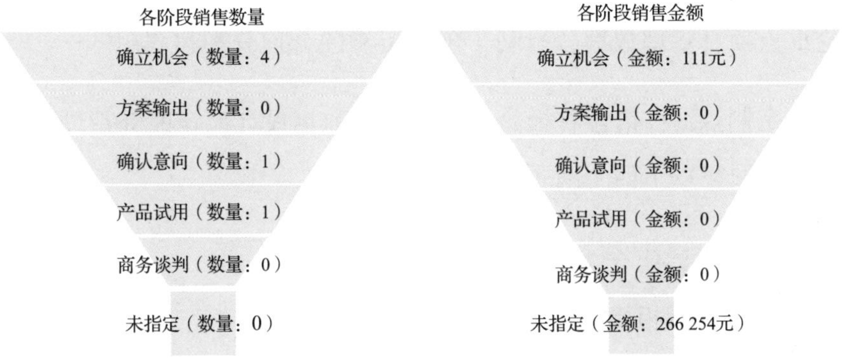

图 5-11　变化后的 CRM 系统中的销售漏斗管理样例

定制点 2：在 CRM 系统销售机会表单"表单设置"中，增加
"重要性"或"重点清单"字段，我习惯分为"公司重点""团队重
点""个人重点""普通"四个等级。对销售团队规模较大的公司来
说，可以考虑分为五个等级（见图 5-12）。

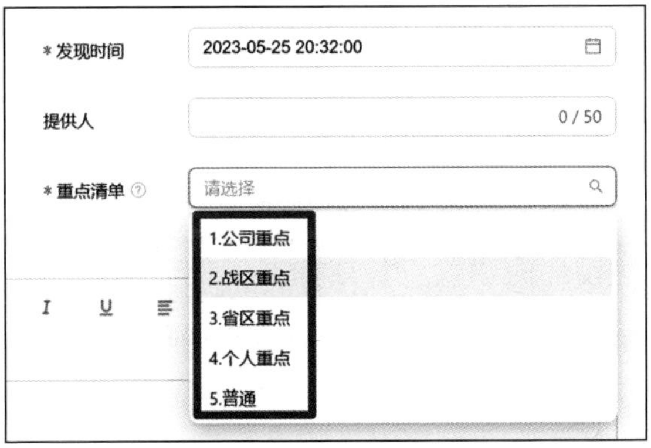

图 5-12　CRM 系统中的重点清单定制样例

处在发展阶段的公司，有限资源的合理分配至关重要。将资

源投入到"重要"的企业客户和项目中，可以更有效地推动销售增长。各级领导的关注度是最宝贵的资源之一，在销售会议中讨论重点项目管理数据，有利于确保资源的合理分配和利用。

定制点 3：销售看板。销售看板的数据设计应该能够帮助销售管理者回答以下四个问题：

- 现状是什么？
- 与目标相比差距有多大？
- 与去年同期相比差距有多大？
- 现状为什么是这样的？

通常，CRM 系统的目标管理模板仅预设了业绩目标，并未细分到产品、区域、行业、企业客户、市场份额、团队、个人等维度。因此，销售看板通常只能显示业绩维度的现状和目标差距。虽然这种"面"（整体）的差距分析可能会带来压力或动力，但是并不能提供具体到"线"（某特定维度）的行动方向，更无法成为改进工作的抓手。

围绕这样的销售看板召开周例会，下属往往是感受到了焦虑而非收获了建设性的建议。长期如此，他们可能会变得麻木，选择"躺平"，而不是采取有方向、有重点的行动。目标管理可以概括为一句话："目标拆分得越细致，管理的有效性越强，但相应的管理成本也越高。"如果利用信息化手段来降低管理成本，自然可以更加细致地拆分目标。

为了更有效地利用销售看板，建议将目标细分到各个维度，以便更精确地了解在产品、区域、行业、企业客户、市场份额、团队和个人等方面具体业绩达成情况。这样，销售管理者就能从"面"上的总体情况深入到"线"上的具体问题，并最终定位到需要改进的"点"。通过这种方式，销售看板不仅能够提供现状和差距的概览，还能够帮助销售管理者识别关键问题，并制定有针对性的改进措施。

我建议至少在销售看板上拆出三条"线"。

1. 人员维度

细分到团队目标、个人目标与现状的对比以及与去年同期的对比。对于按地域划分销售责任的公司，人员维度即地域维度，可以在人名后标注区域，清晰直观。这样能迅速识别出哪个团队或销售人员的差距最大，对整体业绩的影响最为显著。

2. 产品维度

细分各大类（或子类）产品的销售目标与现状对比。这样可以快速看出哪些产品的差距较大，对整体业绩最为关键。

3. 企业维度

这一维度可进一步细分为行业维度、层级维度、新旧维度。

（1）行业维度：将相同行业的企业划分为一个细分群体。中小型 To B 销售公司应在服务各行业的过程中，从"战术焦虑"中找到"战略定力"。初期可通过分析老企业和过往订单的行业分类，选择不超过三个行业作为战略聚焦点，为其设定销售目标。在取得一定发展之后，对所有新企业和新订单标记"行业"属性，在看板上进行目标与现状的对比，并在月例会或季度例会上进行分析。

（2）层级维度：将相同层级（如采购量）的企业划分为一个细分群体。众所周知，20%的企业贡献了80%的销售额。

（3）新旧维度：展示"老企业续单"和"新企业新单"的目标与现状对比。通过产品维度和企业维度的交叉分析，了解具体销售人员在某类细分企业群中销售某产品的表现。

业绩增长的工作需要融入日常运营。销售团队管理者将基于公司销售项目的运作阶段和销售漏斗模型设置销售管理流程，通过会议和数据管理优化人员和事务的管理流程，提升管理效率，使销售工作标准化，从而有序地拓展业务版图。

第六章　打造销售铁军

第一节　销售铁军的重要性

To B 企业业绩增长的核心逻辑是复制成功案例，逐步扩大市场份额。做到这一点的前提是销售团队的增长，没有强大的团队就无法有效作战。

那么，销售团队管理者如何打造销售铁军，带领自己的团队打赢"班长的战争"，是本章讨论的重点。

离开华为后，我从事咨询工作，辅导了多家企业，包括大、中、小企业，从几亿元到上百亿元规模都有。坦率地说，当企业规模达到几十亿元时，我的辅导工作会相对顺利。例如，我曾辅导一家卫浴行业的领军企业，每次去现场我都会给几个一级部门的负责人布置任务，过两周或一个月后再去检查，任务完成情况都很好，咨询工作效果显著。

相反，辅导几亿元规模的企业更"累"一些。例如，给企业对接人一个市场数据表格，让他整理数据后填写，企业对接人的第一反应是："这个表怎么填？"这时，顾问就需要手把手教企业对接人如何填写，而且通常第一次填写的效果不好，需要返工，有时是因为市场数据混乱，有时则是团队成员应付了事。

为什么几亿元规模的企业业绩提升难度大，而几十亿元规模的企业反倒更容易？核心原因是：几亿元规模的企业中团队成员的能力不足。

因此，我后来总结了我的咨询逻辑公式：**业绩增长 = 战略实现 × 销售能力 × 铁军组织**（见图 6-1）。

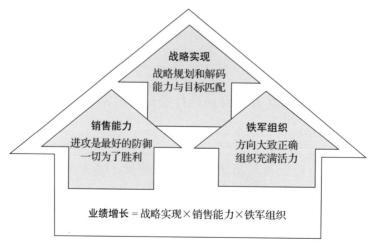

图 6-1 业绩增长的逻辑

在这个公式里可以看到，铁军组织的形成是业绩增长的基础。招聘、淘汰、培训、考核绩效、选任干部等是实现业绩增长必不可少的环节。

团队成员能力不足的问题是否可以通过培训得到解决？培训是其中一种方式，但单纯培训是不会有作用的。一次培训只有一天或几天时间，没有后续的持续辅导，无法改变组织的价值观和行为模式，也就不会有效果。

组织想要改变，先做人才盘点。直白地说，先找出来应该淘汰谁，然后重新招聘、培训，这个队伍才能有脱胎换骨的改变。特别是对于历史比较悠久的团队，如果一个人在公司里做了几年业务都不成才，那么这是对公司资源的浪费，也是对他个人的不负责任。他已经形成了惯性和惰性，公司会失去成长的机会。

业绩增长＝战略实现 × 销售能力 × 铁军组织这个逻辑是我过去这些年里总结出来的，在很多家企业的实践中得到了验证。我们要先建组织，在讲方法之前先明确优秀团队的目标：从"游击队"到"正规军"。

销售团队应该像什么？销售团队应该像军队，销售讲的是结果和执行。因此，"商场如战场"这句话就告诉我们一个答案：销售团队必须像军队一样。我辅导企业和自己的团队，都是按这个标准来的，我们希望打造"正规军"而不是"游击队"。

什么叫"游击队"？每个人都有自己的打法，每个人都有自己的逻辑，都能做点小单，偶尔冒出个大单，但是不听企业的管理，没有组织纪律，这叫"游击队"。如果企业想持续增长，必须从"游击队"到"正规军"。如果"游击队"不接受"招安"，只能淘汰。

第二节　销售铁军的标准

销售铁军是攻无不克、战无不胜的团队；销售铁军是令行禁止、军令如山的团队。同时，销售铁军必然拥有非常优秀的团队氛围。销售铁军也是人才济济、将星闪耀的团队，拥有一支优秀的干部队伍。销售铁军的士兵个个都是精兵，正如精兵之道所描述的"训练有素、武艺高强"。这样的团队如何打造呢？

一、文化是团队建设的基础

团队文化是团队建设的根基。一支能打胜仗的团队首先在思想上是高度统一的，有执行力和战斗力，这是本质要求。

多年来，每次我去企业调研，都会首先着重观察企业团队的"精气神"。例如，走进企业，我会观察前台人员的状态；在调研谈话中，我会注意总经理、经理、团队人员的状态。他们的语言习惯、行为特征会直白地告诉我，这个团队氛围是积极向上的还是沉闷消极，甚至内耗严重的。

我的经验证明，团队的文化氛围特征是非常明显、很难掩饰的。而这个特征决定了团队能不能打胜仗。例如，华为人这个群体所表现出来的华为企业文化就特别明显。华为人往往看起来很朴素，言谈简单直接，工作高效勤奋，时刻想着如何达成目标、如何让企业成功，这就是文化熏陶的结果。

如果一个团队积极、团结、有朝气、热爱学习，哪怕目前业绩不理想，也可以通过训练和辅导获得较大的提升。如果一个团队低迷散漫或者守旧保成，那么仅仅从训练角度出发很难改变团队面貌。

所以，企业文化是很实在的东西，它表现为团队每个人的行为特征，体现了这个企业所共有的价值观、行为规范以及特有的行为模式，企业文化对团队的每个人都会产生影响。

具体到销售团队的文化要求则更为明确。因为销售工作是结果导向的，销售团队就一定要能打胜仗，而且必须打胜仗。不打胜仗，销售团队就不存在了。

为了打胜仗，就必须有销售铁军。销售铁军的文化要求就是这个团队必须是团结的、有纪律的，也要求每个士兵必须是训练有素的、武艺高强的，也就是本书精兵之道的要求。

华为销售铁军有个知名的口号"胜则举杯相庆，败则拼死相救"，就是要求在胜利的时候，大家能够一起为团队的进步而高兴；在团队和其他人遇到困难的时候，每个人都能够拼尽全力地去相助、去合作。

销售团队在这种文化的指引下，克服一个又一个困难，打了一场又一场胜仗。团队越打越强大，人才越打越优秀，这就是文化的力量。

二、销售铁军的特征

销售铁军有三个特征。

第一，**纪律严明**。首先是纪律铁，军人的天职是服从命令。军令如山，要求军人执行力强，使命必达。

第二，**训练严格**。为了保证团队的能力，坚守能打胜仗的使命，就必须严格训练，提高团队的作战能力。

第三，**能打胜仗**。能打胜仗是销售铁军的使命，屡战屡败称不上销售铁军。

第三节　打造销售铁军六步法

一、干部是打造销售铁军的领头羊

对于打造销售铁军，有一个角色必须重点关注——干部。干部就是骨干，是核心，所以抓一个团队要抓干部、抓"头狼"。华为对干部的要求有四个（见图6-2）。

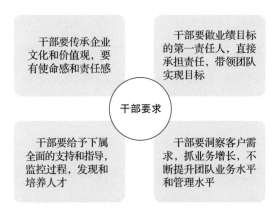

图 6-2　华为对干部的要求

第一，干部要传承企业文化和价值观。注意，我没有说干部的首要任务是完成任务。干部要把企业的优秀文化传下去，要以身作则。这是对干部的第一个要求。

在华为，所有员工从入职开始就接受企业文化培训。随着工作实践的积累，华为会根据绩效考核结果选拔干部。被提拔的干部必须符合华为的文化要求，具有使命感、责任感，并且能够以身作则。这些干部成为华为的代表，他们用自身所代表的文化来影响其他员工，传承企业文化。

第二，干部要做业绩目标的第一责任人。在华为，干部直接承担责任。成功时，干部会得到奖励，包括物质奖励和职位提升等；失败时，干部则需要承担责任，这通常表现为转岗或降级。这种机制强调了干部的责任感和业绩导向。

重要的是，这并不意味着干部需要亲力亲为从事具体业务工作。相反，干部的主要职责是通过管理团队来实现集体的业绩目标，即通过团队成员的工作来实现目标。这种领导方式要求干部具备良好的管理能力和团队建设能力，能够激发团队成员的潜力，带领团队取得成功。在实际操作中，许多企业存在干部过度干涉一线事务的问题，这不仅增加了干部的工作负担，还可能阻碍下属的成长。

第三，干部要给予下属全面的支持和指导。干部不仅要给下属施加适当的压力，以促进他们的成长和进步，也要提供必要的支持和资源，确保他们顺利完成任务。

华为坚持"将军是打出来的"，强调干部是在实战中成长起来的。企业重视结果，选拔绩效优秀的员工成为干部。这种选拔制度确保了干部团队由能够应对挑战、敢于拼搏的精英组成。这些干部不仅具备学历和知识，还拥有实践经验和业务理解能力，既擅长管理又熟悉业务，既辛勤工作也有显著功绩，从而确保了这个团队具有使命必达的"狼性"。

第四，干部要洞察客户需求。这意味着干部需要针对客户需求提升组织能力，补足能力短板。干部应该一手抓业务，指导员工如何操作，并提供必要的资源来支持一线工作；一手抓管理，确保员工有纪律、有干劲，从而不断提升团队的业务水平和管理水平。

打造销售铁军对干部的要求确实很高。对于销售团队管理者，需要始终关注团队能力的建设，确保团队能够高效地满足客户需求，实现业务增长。对于更高层级的管理者，打造干部团队是一项关键任务，这涉及领导力发展、团队建设、激励机制的建立以及持续的培训和评估。

在本书的第三部分，我们将学习如何打造一支高效的干部团队。通过这些方法，可以确保干部团队有效地推动企业发展，实现业务目标。

二、从零开始打造销售铁军

销售团队管理者如何从零开始打造销售铁军？我把这个过程划分为六个步骤（见图6-3）。

图6-3　打造销售铁军六步法

（一）抓纪律

新兵刚入军营，不会立刻被拉上战场，也不会马上分到武器，因为他们还不是合格的军人。新兵首先要接受训练，训练内容包括站军姿、叠被子、吃饭、走路、踢正步、听到哨声随时出操等。

上级的命令要无条件服从，这是在训练新兵的纪律性，培养新兵对组织的敬畏感。经过严格训练，"新兵蛋子"很快就能理解军队的含义，体会到军令如山和"铁一般的纪律"。

如果新兵没有形成纪律性，后续的训练和管理工作就犹如建立在沙堆之上，命令和要求将无法得到执行，也无法产生预期的结果。

在销售团队中，抓纪律同样重要。销售团队成员要遵守的纪律包括但不限于按照规定要求和规定时间填写周报，按照计划完成拜访企业数量并撰写拜访记录，参加并按要求完成培训等。

读者可能会提出疑问：公司毕竟不是军队，如果任务无法完成怎么办？我的建议是，如果你真正想打造一支高效团队，第一次任务未完成，可以给予相关者解释的机会；第二次则需要严肃警告；如果第三次仍然无法完成任务，那么相关者应该被及时淘汰。

在团队中，如果有人长期不能严格执行命令，而管理者又容忍其存在，这个团队只会变得越来越松散。相反，如果管理者能及时淘汰这些人，团队将变得越来越优秀。这是因为严肃的纪律能够形成优秀的团队氛围。例如，华为每年招聘大量名校毕业生，他们大部分能认真完成周报编制和基本任务。如果有人无法完成，即使在试用期，也会被淘汰。华为不任用缺乏纪律性的员工。

（二）做培训

在建立起纪律之后，军队并不会立刻让新兵拿起枪走上战场。

新兵首先会经历为期 100 天的训练，包括跑步拉练、过障碍、射击、投掷手榴弹、格斗等。这个阶段的主要目的是训练他们的体能和技能。

销售团队在建立起纪律之后，也需要开始培养销售技能。关于销售新兵如何训练，我在"精兵之道"中已经进行了详细的阐述。通过训练，销售新兵不仅掌握了初步的销售技能，磨炼了心性，也建立了在销售岗位上立足的信心。

在训练过程中，我们重点强调的是团队经验的复制。有些公司虽然发展了几年甚至十几年，仍然没有形成系统的销售策略，成交与否完全取决于销售人员的个人能力，公司缺乏统一的方法论。

真正的销售铁军不应该如此。我们应该将优秀成员的经验提炼出来，形成经验总结，然后传授给整个团队，实现标准化人才的复制。我再次强调，通过经验萃取，标准化训练销售人员，是企业规模化复制人才的唯一途径。

（三）管过程

经过严格的训练，新兵们终于进入了实战阶段。

在战场上，班长要带领团队执行任务，确保使命必达。销售团队管理者亦是如此，他的工作重点和重要职责是管理过程。

所谓管理过程，是指做好日常管理，规范销售人员的每一个动作，并及时纠偏。销售团队管理者首要任务是开好周例会、写好周报，避免流水账，要抓住业务重点。在上一章中，我们详细讨论了销售会议管理，销售会议管理是打造高效团队的关键途径。开会就是实时分析问题、解决问题、调整前线和后方，确保取得胜利。

（四）盯结果

在商战中，销售团队与军队有着相似之处，都是以成果来论英雄的。仅有辛勤付出是不够的，最终还是要看结果。因此，每次开会我们首先关注的是结果，分析差距，并在找到产生差距的原因后制订改进计划。

"军令如山"意味着如果团队能够达成目标，那么团队的表现就是合格的；如果发现无法达成目标，就要及时更换人员，特别是团队的领导层。这里没有情面可讲，唯一的目标就是：坚决完成任务。这就是"军令如山"的含义。

华为的目标导向非常明确，如果计划明天要攻下一个"山头"，那么就必须在明天实现。无论是推出一个产品还是开拓一个市场，都严格按照计划执行。如果发现资源不足，就调配资源；如果发现人才不足，就调配人才；如果发现领导能力不足，就更换领导。

为什么要紧盯结果？因为一旦发现结果不可控，就必须做出改变。每周、每月的会议，也是为了随时检查目标能否实现，保证结果可控；如果不能实现，就要果断采取行动。

（五）树标杆

根据我的经验，从零开始建设一个团队，通常在 6~9 个月的时间段内会出现第一批标杆人员。如果超过一年仍没有涌现出优秀人才，就需要重新审视这个团队，检查前期建设过程中是否有不足之处。此时，可能需要重新培养团队成员，通过实战锻炼他们，直到每个人都能够独当一面。

在这个过程中，要善于提拔干部。一旦发现有潜力的优秀人才，就应该及时提拔他们担任干部，让他们管理团队。根据我的经验，一个团队中优秀人才的比例大约为 10%。一旦这些优秀人才涌现出来，就应该果断提拔他们，这样做既能激励优秀人才更上一层楼，也能推动整个团队的发展。

同时，这个团队也需要及时淘汰后进，越早淘汰越好。如果一个团队整体氛围积极向上，但有个别人总是抱怨、带有负面情绪，这种人应该尽快淘汰，因为他们会影响整个团队的氛围。

（六）带队伍

团队行不行，就看"头狼"怎么样。举个例子，当年华为的手机做得不好的时候，任正非把余承东调过来，下面的干部怎么安排让余承东来决定。余承东招聘了五六个高管，也淘汰了一批高管，形成了手机的管理团队，最终成功带领团队走向成功。

应该选拔什么样的人当"头狼"来带队伍？首先，看业绩，业绩突出的人通常具备较高的情商、智商和能力。其次，从业绩突出的人中挑选具有领导潜力的人提拔为干部。有些销售冠军虽然业绩出色，但并不一定适合担任领导职务。最后，提拔干部之后要给予辅导。许多人被提升到管理岗位后可能会感到不适应，如果没有迅速取得成绩，他们可能会感到不安。

我对此有深刻体会。在华为海外业务迅速发展的时期，我几乎每半年晋升一级，可以说是迅速上岗。为了帮助我更好地完成岗位任务，当时的领导会教导我如何成为一名优秀的领导者。在华为，这种经历非常普遍，许多人都是在实战中锻炼出来的，因此具备较高的领导水平。华为非常重视对干部的辅导，虽然那时还没有形成完整的体系，主要是靠言传身教。后来，华为逐渐将领导力课程发展成系统的训练营和辅导计划，变得越来越成熟。

华为对于如何培养干部、带领队伍以及构建能够打胜仗的组织，有着越来越深刻和全面的理解。这也是华为能够从一家小公司发展成拥有 20 万名员工的庞大组织，并且在手机和汽车等多个领域都取得成功的原因。华为对人才培养和组织培养的深刻而全面的理解，是其取得今天成就的关键。

读者可能已经注意到，在第六步时，实际上可以衍生出新的团队。有了新的干部，就可以开始培养新团队，最终形成一个强大的新团队。如果你能熟练运用本章讲述的这些知识，那么你就有可能成为一名勇将。

在接下来的部分，我们将学习销售团队的最高领导的名帅之道。

PART 3

名帅之道

导语

名帅是销售业务负责人，是销售团队的最高领导，例如销售总经理。

名帅需要做到：军令如山，赏罚分明；洞察大局，知人善任；运筹帷幄，决胜千里。

军令如山，赏罚分明，突出了名帅在建设指挥体系方面的重要性。他们需要确保军令的传达畅通无阻。团队的执行力要强，这样他们才能有效地指挥销售铁军。这样的军队，必然有着清晰的赏罚标准。

洞察大局，知人善任，强调的是名帅在了解形势和打胜仗方面的能力。他们需要知道如何培养和使用干部，以便在战争中取得优势。

运筹帷幄，决胜千里，指的是名帅在指挥和制定策略方面的能力。他们需要做好指挥工作，制定出有效的打胜仗策略。

名帅的职责就是确保战争的最后胜利。

第七章　建设销售管理体系

第一节　业务模型分析和销售组织设计

一家企业，一旦拥有了稳定的业务模型，就可以进行大规模复制和扩张，这是业绩增长的底层逻辑。那么，什么是稳定的业务模型？简而言之，它是指企业对于自己的定位，在哪个领域、哪个区域获取客户，怎样搞定客户等重大课题的清晰的方法论。

那么，如何实现大规模复制和扩张？一方面需要设计销售体系，明确组织结构，扩大团队规模；另一方面需要形成销售打法，并把打法固定下来。企业将这两者结合起来，就能有组织、有计划地拓展目标市场，走向全国乃至全世界。

本章就来学习怎样分析销售业务特征，怎样设计销售打法，怎样建设销售管理部。

一、销售业务特征分析

要想深入了解一家企业的销售业务，首先要从五个方面进行分析：客户采购特征、项目决策链分析、项目特征、客户画像和行业地图（见图 7-1）。把这五个方面梳理清晰后，在此基础上讨论团队规模和销售打法就相对容易了。

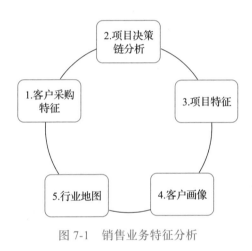

图 7-1　销售业务特征分析

（一）客户采购特征

客户采购特征指企业客户采购的四个重要环节。

环节一：评标模式分析。本环节主要考察评标是在企业内部进行还是有专家组参与，还要注意考察评标活动的组织者。此外，还有一个关键因素就是谁来组织评标，因为组织者可以影响评标成员的态度。

环节二：采购预算分析。本环节需要关注企业是自主制定预算，还是经过上级部门审批。

如果是企业自主制定预算，流程相对而言就比较简单，企业需求明确之后自行组织招投标，时间上比较灵活。如果需要上级部门审批，那么招投标流程就比较漫长，可能一年只有两三次机会。这就意味着，一旦错过招投标的时间窗口，投标方将失去参与机会。

环节三：付款方式分析。本环节涉及付款次数、首付款比例以及验收后的尾款支付。这些因素直接决定了合同的盈利水平，也是销售业务负责人决定是否参与此类项目的重要依据。

环节四：评标方法分析。这个环节非常重要。首先，关注对投标方资质有没有特殊要求，如果有，则可以借此超越竞争对手。其次，需要明确具体的打分方法，如是否对技术性能指标设有特殊要求，如果有，则可以借此优势拉开与竞争对手的评分差距。最后，商务报价的评分标准设置至关重要。例如，是否采用最低价中标，不同报价的评分规则是什么，这些都将决定最终得分。

（二）项目决策链分析

对于企业客户，对其决策链进行分析是关键。结合前面提到的五条关系线，销售业务负责人可以确定评标过程中的关键关系。这些关键关系可能源于管理线、技术线或采购线，具体项目要具体分析。销售业务负责人可以通过分析该企业的历史项目，找出项目决策链，然后采取行动。

针对项目的决策链进行分析至关重要，因为项目关键关系的不同，会直接影响项目运作的难易程度。

例如，如果关键关系在采购线（这种情形较为常见），通过长期合作和关系建设，可以逐渐深入项目。如果关键关系在技术线，那么项目组就要派遣懂技术的人员介入，安排技术交流，从方案角度来说服企业的技术团队。如果关键关系在管理线（这种情况下项目难度会明显加大），这就要求项目组具备与大企业高层建立关系的能力，以便与企业高层进行有效沟通。

同时，根据项目的难易程度，需要投入的资源和人力部署也会有所不同。这要求销售业务负责人精准评估每个项目的特点，合理分配资源，以确保项目顺利进行。

（三）项目特征

项目特征是指销售项目的普遍特征，包括项目金额、交付周期和运作周期（见图 7-2）。

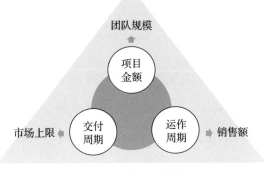

图 7-2 销售项目特征

第一个特征是项目金额。

项目金额体现了项目颗粒度。不同金额的项目，其工作量和难度存在显著差异。

一个 100 万元的项目和一个 10 万元的项目，两者的项目颗粒度明显是不同的。项目颗粒度也决定了团队规模。一般来说，项目金额越小，单个项目的难度相应较低，但是需要销售人员做的事情越烦琐，反之同理。假设销售人员的年度销售目标是 100 万元，也就是说，如果一个项目金额是 10 万元，他要做 10 个这样的项目才行；如果一个项目金额是 100 万元，他只需要做这一个项目即可达成目标。面对项目金额大的情况，销售人员虽然同时需要处理的项目数量少，但难度通常也会大得多。

假设 A 公司做的项目金额通常为 10 万元，B 公司做的项目金额通常为 100 万元，项目金额是否会影响它们的团队规模？答案是肯定的。假设两家公司每年每人的业绩目标都是 300 万元，那么，A 公司的销售人员需要完成 30 个项目，一个月就要完成大约 3 个项目，这个工作量相对饱和，而 B 公司的销售人员一年只需要完成 3 个项目，相对轻松。

如果两家公司的总业绩目标为 3000 万元，A 公司因为工作量相对饱和，所以需要 10 人，而 B 公司可以将个人业绩目标适当提升，定为 600 万元，这样仅需 5 人。这说明，项目金额的大小直接影响了团队规模和销售人员的工作量。

第二个特征是交付周期。

假设 A 公司中标一个小项目 1 个月就能交付完，产能还有剩余。B 公司中标一个大项目需要 6 个月才能交付。

A 公司的销售人员 1 个月可以处理约 3 个项目，这 3 个项目交付周期都是 1 个月，那么基本上，第 2 个月时项目交付人员就已经完成项目交付，可以继续做第 2 个月的项目了，销售业务不受影响，销售人员的工作也比较饱和。

按照 B 公司的销售人员 2 个月中标 1 个项目、半年内中标 3 个项目计算，项目交付人员将持续饱和工作。由于半年时间较长，如果在此期间再中标项目，就需要更多的交付人员，这就要求公司考虑交付人员的配置。也就是说，如果项目交付周期长，那么公司就要考虑交付压力，合理配置人力资源，以确保项目顺利进行。

第三个特征是运作周期。

一般来讲，To B 项目标准的运作周期大约是 6 个月，小项目快一点，大约 3 个月，大项目慢一点，在 1 年左右。

假设销售人员一年可以运作 6 个项目，每个项目运作周期是 1 年，项目金额均为 200 万元。若其能力为投标 6 个项目能中标 2 个，那么一年下来的业绩是 400 万元。如果项目的运作周期适当缩短，这个销售人员则有富余的时间和精力再投标几个项目，按照概率就会多中标几个项目，则业绩也会有所提升。

这说明，项目的运作周期决定了销售人员的年度销售额，而每个销售人员的年度销售额又直接决定了公司的销售团队规模。因此，合理规划项目运作周期，对于提高销售业绩和优化团队规模具有重要意义。

（四）客户画像

客户画像，简单来说，是对企业特征和属性的描述。它帮助销售业务负责人理解"我们的客户是什么样的"以及"我们的客户有什么特征"。回答好这些问题，能帮助我们理解"谁是我们的企业客户"。

例如，教育软件的客户画像是中学或小学，而其他软件可能针对大学。医疗检测设备的客户画像可能是各级医院。通过明确客户画像，销售业务负责人可以更好地定位目标市场，理解客户群体，从而制定更有效的营销策略和产品开发计划。

（五）行业地图

有了客户画像之后，就可以构建行业地图，把目前的潜在企业客户按照区域分布绘制在一张地图上。这张地图显示了它们分布的区域，并注明各企业的特征。通过这张地图，销售业务负责人可以分析如何分阶段攻克这些企业。

同时，销售业务负责人还可以制定价值客户（named account）清单。价值客户，是指那些与公司有稳定合作关系、产出大，或者公司认为重要、合作潜力大的企业。对这些企业，销售人员可借助特殊的支持政策（见表 7-1），以提高成交率。

表 7-1　价值客户支持政策

支持方式	支持政策
市场活动	如果价值客户需要做市场活动，华为予以经费支持，由总部审批；华为大型市场活动邀请价值客户参加
总部参观	邀请价值客户来华为总部参观考察，安排高层接待
项目特价	针对价值客户的项目予以特殊价格支持，给予更高利润

在构建行业地图的过程中，销售业务负责人要筛选出一批价值客户，并逐步扩大这个名单。随着价值客户的不断增加，销售额自然也会随之增长。表 7-2 展示了通过列举在哪些区域、哪些行业中可以找到哪些企业形成的公司级别的行业地图。

表 7-2　行业地图

客户名称	区域	行业	客户级别
行业客户 A	浙江	金融	价值客户
行业客户 B	浙江	电商	代表处
行业客户 C	广东	教育	代表处
行业客户 D	广东	医疗	价值客户

行业地图对销售工作具有指导意义。例如，销售人员已经在某个区域的学校开展了业务，那么销售业务负责人是否可以考虑拓展到整个市的学校？同样地，销售业务负责人是否可以从研究院下探到高中，对整个教育行业进行深入的研究？

二、销售组织设计

组织设计就是我们的销售团队应该怎样排兵布阵，包括销售团队规模设计、销售干部队伍设计。

（一）销售团队规模设计

销售团队的规模与公司的销售目标息息相关。通常情况下，销售目标越高，所需的团队规模也就越大。以某公司的某产品为例，如果一名销售人员正常发挥能够实现年销售额 500 万元，那么要达到 1 亿元的销售目标，理论上就需要 20 名销售人员。

对需要在全国范围内开展业务的公司来说，建设多个办事处是必要的。然而，异地办事处的管理确实是一个挑战。我建议，每个办事处至少配备 3 名销售人员，其服务范围不应局限于一个省份，而是可以通过出差的方式覆盖多个省份。这样的团队规模有利于成员之间相互支持和监督，便于管理，并且能够形成良好的团队氛围，从而确保团队的稳定性。相比之下，如果一个办事处只安排一名销售人员，由于缺乏现场监督，这名员工容易工作懈怠、偷懒，甚至可能从事与工作无关的个人活动。

（二）销售干部队伍设计

在大多数公司的销售干部队伍中，常见的层级结构包括 CEO、销售副总（sales VP）、销售总监（sales director）、销售经理（sales manager）四个层级，如图 7-3 所示的销售干部层级样例就是一个典型的架构。

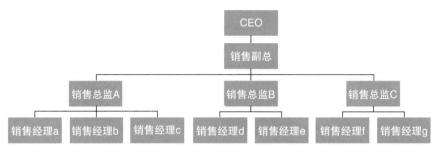

图 7-3　销售干部层级样例

如果一家公司已经在全国范围内布局，通常会根据地理位置将市场划分为若干大区。大区的数量可能会根据公司的具体战略和业务需求而有所不同，华为曾经就是按照七个大区来划分的。

每个大区由一名总经理负责，这位总经理的级别相当于销售总监。每个大区通常涵盖几个省份的业务。省级负责人通常对应的是销售经理一级，他们负责管理一个省代表处。一般来说，一个省代表处的最小人员编制应该是三名员工。这意味着，一名销售经理管理三名以上的员工是比较合理的。

对于团队规模，我参考了管理学的"管理幅度"理论。管理幅度指的是一名领导者直接领导的下属人数。如果超出这个幅度，领导者可能无法与每位下属进行有效的沟通，无法有效地指导，从而影响团队的整体效率和绩效。管理幅度受到多种因素的影响，包括工作的复杂程度、下属的成熟度、沟通渠道的畅通性等。一般来说，管理幅度不应超过 12 人。

因此，小团队的第一个瓶颈通常出现在团队规模为 10 多人时。当一个小团队达到这个规模时，销售经理的管理工作已经相对饱和。如果团队人数继续增长，为了保持管理的有效性和团队的灵活性，应该果断地将团队分成两个团队。

团队分开后，一方面可以形成竞争机制，另一方面也有利于干部的培养。随着团队数量的增加，干部数量也会相应增加，总会有一些干部能够成长为更高级别的干部。给员工提供更多成为干部的机会，让他们迅速成长，团队就会逐渐变得强大。

从军队的管理经验中，我们可以发现，每个正职后面都会配置副职，如班长配副班长，排长配副排长，连长配副连长。这种做法实际上是最朴素的干部储备机制，每个岗位都在培养接班人，当正职调任时，副职可以立即接替。如果你还没有开展干部培养的工作，不妨先从配置副职开始。如果副职的能力不符合要求，正职就不能升迁。

华为之所以能够快速发展，其中一个重要原因就是华为非常重视干部的培养和储备。华为要求每个领导必须培养出合格的接班人才能升迁，并且大胆给予后备干部锻炼的机会，因此干部储备非常充实。当华为想要开发新业务或新地区时，有大量的候选人可以选择。

关于干部的系统培养，我们将在下一章进行详细说明。通过系统培养，公司不仅能够确保干部队伍的稳定和发展，还能够为公司的长远发展提供坚实的人才支持。

第二节　销售打法设计与销售打法书

一、销售打法设计

销售打法设计，实质上是对销售业务特征深入分析的结果，同时也是对实战经验的提炼。通过这种提炼，我们可以形成一套标准化的操作流程。为了在公司内部更方便地推广和学习，这些打法通常会按照销售阶段进行划分，主要包括三个部分：销售阶段的划分、每个阶段的关键节点和代表性事件，以及每个阶段需要完成的具体工作。

（一）将经验转化为销售利器

如何让一般销售人员具备优秀的销售人员的作业能力，如何帮助新员工快速上手？这些是提升个人销售业绩和构建卓越销售团队的关键。

一套经过验证且有效的销售打法能在两个方面发挥重要作用。

一方面，这样的销售打法可以让销售人员在每一个关键点上清楚知道自己应该做什么以及如何去做，沿着成功率最高的路径推进销售，从而增加成功的机会。此外，优秀的销售打法总是与企业客户的购买流程关系密切，这有助于销售人员更好地理解处于不同购买阶段的企业的关注点，并据此做出正确的决策。

另一方面，一套行之有效的销售打法还可以帮助销售人员提高销售效率和销售额。这是因为一套完善的销售打法能够确保每个销售机会都得到了充分的关注和有效的处理，同时减少销售人员的失误和重复工作。通过不断优化销售打法，销售团队可以更好地管理销售过程，提高销售效率，缩短销售周期，从而提高销售额。

因此，各级销售管理者一定要重视经验的总结和复用，并形成自己的销售打法书。优秀的团队一定是能够复制成功，能够一直打胜仗的销售铁军。相比之下，散漫的团队或许会有个别能力优秀者，但是团队进步有限，一旦想要成规模地实现业绩增长，这样的团队往往会感到心有余而力不足，通常出现老销售人员不愿开发新市场、新销售人员成长缓慢等问题。这样的团队，成功只能是一时的。

（二）素材源自销售前线

销售打法书如此重要，那么素材来自哪里呢？核心内容来自一线的项目经验，这些经验包括成功的项目总结、失败的项目总结、对企业的洞察以及对竞争对手的分析，通常包括如下内容：

- 客户画像：包括企业客户的规模、行业、地域和特点。
- 市场分析：涉及竞争分析、行业地图和市场地图。
- 项目运作：涵盖企业获取、触达、建立信任到最终成交的整个过程。
- 交付与复购：关注产品的交付和企业客户的复购情况。

销售团队管理者在日常工作中需要注意收集这些素材。例如，华友汇辅导的一家公司在企业获取和触达方面有独特的做法——销售人员第一次使用短信进行陌生拜访时，发现对企业深入研究后编写的短信比电话更能打动企业。后来，这种方法在全国分公司得到推广，成为该公司的专属打法。这个案例证明了仅凭陌生拜访也可以打动客户。

再比如，另一家公司发现，在获取企业信任的几种常用方法中，赠送样机和邀请到厂参观效果最好。因此，该公司总结了优秀项目中的送样流程和接待流程，并做了详细的方法说明，指出在什么情况下采取什么行动是有益的，并协调市场和产品部门共同支持。这样，销售人员就知道在何时何地该做什么，并能提供更好的企业体验了。

以上就是销售打法书的素材。在打法书的第一版形成之后，你可能会发现，其中70%~80%是通用的To B销售方法论，而20%~30%则是本公司特有的经验和场景。这两者的结合，尤其是那20%~30%的特有场景，赋予了"某某公司销售打法书"灵魂和意义。

因此，销售业务负责人现在就可以开始建立分享和开放的氛围，一有优秀经验，就组织分享，并给予相关人员适当的激励。这样，优秀的人就能培养出更多优秀的人，实现双赢。

二、撰写销售打法书

那么，我们应该如何撰写销售打法书？

首先，我们需要通过重大项目资料的梳理来明确销售流程，这包括确定每个阶段的销售行为、负责人员、交付材料以及标志性事件。然后，我们开始对流程进行优化，补充现有材料中缺失的内容，并对流程进行改进。例如，我们可能会发现之前的市场洞察不够深入，或者与供应链的合作过程不畅。可以说，撰写销售打法书的过程，也是我们自己查漏补缺的过程。

表 7-3 是一份完整的销售打法书的目录，可以作为参考。

表 7-3　销售打法书目录

一级目录	二级目录
1. 我们的战略、价值观和关键思想	1.1 我们的战略
	1.2 我们的业务和企业价值
	1.3 利他共赢：销售人员的价值观
	1.4 高效销售的基本思想
2. 销售基本功	2.1 销售基本功及训练方法
	2.2 个人品牌形象打造
	2.3 销售人员的知识储备和学习方法
3. 跨部门沟通和团队协同	3.1 销售人员需要的服务支撑部门
	3.2 整合后端支撑部门，做厚企业服务面
4. 企业关系建设与管理	4.1 洞察企业地图和行业地图
	4.2 寻找有价值的潜在企业
	4.3 绘制客户画像
	4.4 企业决策分析
5. 销售项目运作策略	5.1 第一阶段
	5.2 第二阶段
	5.3 第三阶段
	5.4 第四阶段
	5.5 第五阶段
	5.6 第六阶段
	5.7 项目总结

三、销售流程的梳理

在销售打法书的撰写工作中，销售流程的梳理是核心内容，这里详细阐述一下。

销售流程的梳理是基于企业购买流程的，它将标志性行为和工具与企业购买流程匹配。这是以企业客户为中心的体现，意味着销售人员必须时刻关注企业客户是如何进行购买的，而不是仅仅关注他们自己想要如何销售。

销售流程是一系列协调一致的步骤，它引导企业客户从最初的认知到最终的购买和实施。一套完善且经过验证的销售流程具有三个主要作用：

- 它可以使销售行为更好地与企业客户购买行为保持一致，从而帮助销售人员制定出更有效的销售策略。
- 它可以让销售人员在每一个阶段都知道应该做什么以及如何去做，从而增加成功的机会，提高销售效率和收入。
- 它有助于确保企业客户在购买、交付和使用解决方案的过程中获得良好的体验、有较高的满意度，从而提高企业客户的忠诚度和自己公司的口碑。

标准的销售流程可以划分为六个阶段（见表7-4）。这六个阶段的具体内容在前面的章节中已有详细介绍。公司可以根据自己的实际情况来确定阶段和划分的关键标志，有些公司可能分为五个阶段，有些公司则可能阶段更多。

表 7-4 销售流程阶段划分表

流程阶段	重点工作	参与人员	输出材料	可验证成果
第一阶段：采购需求				
第二阶段：内部准备				
第三阶段：方案设计				
第四阶段：评估和比较				
第五阶段：投标竞争				
第六阶段：采购实施				

在每个阶段，我们都可以对工作进行详细梳理。下面以第三阶段，即方案设计为例。

重点工作

（1）确定企业业务问题表：为不同层级企业建立业务问题表。

（2）创建解决方案构想：基于上述企业业务问题表，将业务问题抽象为需求，基于需求为企业客户提出解决方案构想。

（3）确定评估标准：获得企业客户决策层认可后，与企业客户就解决方案需要达到的标准进行讨论并确认。

（4）能力证明。通过各种形式，包括但不限于考察、测试、试点、演示等，证明公司的能力，消除企业客户顾虑。其中，常用方法的具体流程为……

（5）在企业客户中发展 1~2 名 Coach。

参与人员

销售人员、市场人员。

输出材料

（1）企业业务问题表。

（2）解决方案构想（框架和思路）。

（3）评估标准。

可验证成果

企业客户认可解决方案构想和评估标准。

在为一家汽车零部件生产公司提供咨询服务时，我发现该公司面临三大难题：新销售人员难以成长、新市场难以拓展、业绩增长难以突破。针对这些问题，我引导该公司制定了自己的销售打法书。

销售打法书的制定首先从提炼销售打法策略开始。针对汽车零部件行业的特点，我们深入分析了行业内企业的业务行为，尤其是采购行为，并结合企业采购行为的目标，制定了该公司销售的标准业务流程。这个流程包含了多个销售阶段，每个阶段都有明确的关键行为、销售行为和相应成果。

为了实现每个阶段的销售成果并提高销售效率，我还帮助该公司梳理了销售工具清单。这些工具包括线索获取方法、销售话术、公司汇报、产品彩页、技术白皮书、产品检测报告、公司案例、技术分析报告、投标资料、企业供货报告等。这些销售工具不仅大幅提升了销售效率，还提高了销售质量，将个人能力转化为组织能力，为公司的市场开拓奠定了坚实的基础。

最后，该公司将市场相关的政策、销售打法书以及各种销售工具进行分类整合，建立了自己的市场营销资料库。新销售人员可以通过资料库快速学习成长，老销售人员可以利用资料库中的各种工具提高销售效率，销售管理者也可以根据销售打法书对销售进行业务检查。表7-5是某汽车零部件生产公司销售打法书示例，供参考。

表 7-5　某汽车零部件生产公司销售打法书示例

序号	阶段名称	销售阶段任务	企业采购任务	关键行为	销售行为	公司成果	销售成果	赢单率	周期	销售工具清单
1	企业沙盘梳理	梳理企业沙盘	NA	NA	1.梳理汽车行业的企业（包括整车厂，一级供应商，二级供应商）沙盘图 2.结合产品标注出公司可能的企业群	NA	形成企业沙盘全景图	0	长期	1.盖世网等专业网站及公众号等 2.同事、朋友、同行咨询推荐 3.公司现有企业沙盘图 4.汽车及零部件市场分析报告
2	锁定目标企业	梳理目标企业	NA	NA	1.企业初步分析 2.结合公司产品和市场，确定是否重点跟进 3.进行企业分类（按照产品、细分行业两个维度分类，对每类分析大概的市场策略），然后按类划分区域或分配目标企业 4.每类企业形成客户画像 5.目标企业责任到人	NA	1.按照产品+行业形成客户画像（目标企业+产品分析匹配）2.列出目标企业清单（按照销售经理和区域进行划分，确定企业责任人和初步目标）	0	长期	1.结合公司产品和方案，总结出客户画像并形成文件，并对该类客户形成打法策略，供销售人员参考使用。2.目标企业责任到人，更新到沙盘图里
3	关注项目阶段	围绕企业需求形成项目	整车需求形成	1.整车厂：研究行业政策、消费者偏好和竞品，确定车型 2.整车厂：初步进行零部件的选型和确认 3.一级供应商：根据整车需求，梳理零部件需求	1.了解整车厂的产品规划 2.掌握整车厂的一级供应商情况 3.研究一级供应商的子产品，初步确定目标	1.整车规划 2.整车供应链初步方案 3.一级供应商确定子项零件的初步需求	1.企业关系寻找并接洽，实现突破 2.组织进行公司品牌交流（公司介绍、产品研发体系和供应链案例介绍和讲解以及提供的预研服务等）	10%	1个月	1.公司介绍、汇报成功案例 2.公司产品、质量、研究开发及供应链介绍 3.企业关系推进方法指导

（续）

序号	阶段名称	销售阶段任务	企业采购任务	关键行为	销售行为	公司成果	销售成果	赢单率	周期	销售工具清单
4	挖掘需求阶段	开展针对性技术交流并形成本方案	项目预研	共有两种情况：1.整车厂确定产品方案，发布模块化需求。一级供应商确定分包需求及方案下游需求。2.一级供应商给整车厂提供整体解决方案，此种情况发生在非常成熟的时候，需要一级供应商对二级供应商进行评估	1.进行产品初步需求沟通 2.协助进行零部件需求评估 3.组织双方技术交流	1.整车厂：确定一级供应商并初步对产品选型 2.一级供应商：细化并确定零部件的需求方案，确定二级报价与报价的供应商	1.拿到产品图纸、需求数量 2.配合进行产品需求（技术、成本、交付）评估 3.产品需求技术交流，并确定产品方案 4.获得入围的供应商名单	30%	3个月	1.公司产品系列及规格说明书 2.各类型产品或工序的需求评估 3.零部件产品技术可行性确认书
5	满足技术、成本需要阶段	完成项目报价	成本收集分析	1.对技术方案、成本、交付进行分析确认 2.初步确定入围的供应商	1.确认最终产品需求名单 2.查看最终询价交流 3.内部沟通产品性能	1.确认技术可行性 2.组织供应商初步报价的交流 3.初步确定入围供应商	1.采购、制造、成本、产能等需求分析 2.明确回款方式及条件 3.公司上会确定初步报价 4.进行初步报价	50%	5个月	1.采购、制造、成本、产能分析流程 2.确定回款表 3.完成成本分析表 4.初步报价申请流程
6	项目定点预定阶段	最终详细需求分解	明确需求，确定C样产品规格书	1.释放C样产品需求 2.评估反馈结果	1.召开C样产品分解会 2.收集反馈意见 3.反馈企业需求差异	一级供应商发布C样产品需求	1.提供企业要求的C样产品 2.拿到企业评估C样产品反馈 3.推动公司内部改善	60%	1.5个月	1.C样产品的产品说明书 2.C样产品内部生产及优化流程指导文件（站在市场人员角度制定规范）

（续）

序号	阶段名称	销售阶段任务	企业采购任务	关键行为	销售行为	公司成果	销售成果	赢单率	周期	销售工具清单
7	临门一脚阶段	争取项目利益最大化	达成采购目标	1.释放最终产品需求并询价 2.收集报价 3.确定入围供应商 4.确定量产价格、账期、产能、供货周期、供货量	1.收集成本分析表，了解企业预算 2.内部召开报价会 3.制定报价策略 4.完成两轮报价 5.如果企业有异议则调整报价	组织入围供应商进行报价	1.优化并确定最终成本分析表 2.完成报价策略 3.完成报价表及进行报价	80%	1.5个月	1.销售项目竞标报价指导书（需要明确，包含报价内部申请流程）2.项目报价模板
8	成交及项目开发阶段	立项及项目开发	上会确定最终产品选型	1.企业上会确定最终产品选型 2.释放量产需求 3.签署合同 4.开启项目	1.获取采购意向书 2.推动内部项目立项 3.完成合同签署 4.启动生产及交付流程	1.企业发出采购意向书 2.企业发出合同并完成签署	1.获取采购意向书 2.双方签署的合同 3.公司启动生产及交付流程	90%	1个月	1.公司启动意向客户合作流程（包括合同评审、研发生产采购协调、制订生产计划）2.其他部门承接电子文件或纸质文件
9	接单后跟进及日常维护阶段	供货回款	项目批产	1.确定生产流程 2.发布生产计划 3.发布订单 4.收票付款	1.维护价格 2.交付产品 3.完成对账开票 4.跟踪货款回笼 5.跟踪企业需求，提升满意度及供货比例	1.产品验收及交付跟踪 2.问题回溯追责	1.确认需求及交付时间 2.开始生产交付 3.跟踪处理过程中的问题	100%	2个月	1.产品出货报告模板 2.供货及收票要求 3.问题回溯处理流程

同时，在销售的每个阶段，客户都会提出各种问题，我们应当梳理销售人员的成功应对方法，得出回答此类问题的标准答案，并收集、整合起来，纳入销售打法书。

四、销售打法书的管理

销售打法书的制定完成并不意味着工作的结束。仅仅将一堆文件交给销售团队，让销售人员自己去摸索使用，往往会导致这些文件被束之高阁。各级销售管理者需要在日常管理中，潜移默化地将销售打法书的内容落到实处。以下是华友汇的一些实践建议。

1. 规范日常的工作管理，要求销售人员按照项目流程工作，并填写相关材料。在周报、周例会、月例会、季度例会、年度述职会、项目分析会上，使用销售打法书梳理工作，确保销售打法书成为工作的一部分。

2. 为各个项目建立独立的文件夹并规范命名，这样无论是复盘还是交接工作都会变得非常方便。

3. 在培训和训练中，将销售打法书作为教材使用，帮助新销售人员从一开始就建立正确的框架，为他们开个好头。在技能培训中，使用最先进的方法培训销售人员，并安排大量的角色对练，让他们将所学内化到日常销售行为中，帮助一般销售人员逐渐向优秀的销售人员靠拢。

最后，需要强调的是，销售打法书应该是不断迭代的。这是一个长期的工作，只有不断精益求精，我们的销售打法才能更具威力。

第三节　建设销售管理部

对规模超过一亿元的公司而言，要想实现快速发展，建立销售管理部是关键的一步。销售管理部就像是销售团队的参谋部。在军事中，参谋部负责制订军事计划、推进作战计划的实施、收集分析情报以及与其他军事部门进行协调。同样，销售管理部负责制订拓展计划、推进销售重大项目、收集分析市场情报、进行销售团队的培训以及与各部门进行资源协调等工作。

一、销售管理部的设置

销售管理部最初可以设置在公司总部，支持销售业务负责人的工作。随着业务的扩展，可以在各层级设立分支机构，成为各层级的"大脑"。

参谋长通常是一线作战经验丰富、谋略出众的将领，同样地，销售管理部负责人应该一线销售经验丰富，并具备一定的战略眼光。

当销售团队从"游击队"向"正规军"发展时，不建立销售管理部就像刘备没有诸葛亮一样，没有参谋，何谈业绩的持续增长？即使现在销售团队只有十个人，也可以建立销售管理部，安排一位销售人员负责此项工作。可以通过轮岗的方式，考察哪位销售人员更适合参谋长的角色。

在华为，对销售业务进行管理的部门就是销售管理部，它协助销售业务负责人总管销售业务，地位非常高（见图7-4）。

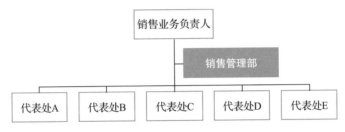

图7-4 华为销售管理部在组织架构中的位置

在华为，销售管理部也是按层级分级建设的（见图7-5）。

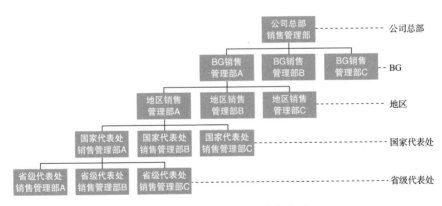

图7-5 华为销售管理部组织架构

在公司总部，华为设立了公司总部销售管理部。在运营商业务群（business group，BG）有BG销售管理部，在各大地区有地区销售管理部，在各个国家有国家代表处销售管理部，在各省份有省级代表处销售管理部。各个层级的销售管理部各司其职、协同工作，共同推动销售业务的发展。

二、销售管理部的职能

销售管理部总管销售业务，负责对销售目标达成进行全流程管理。这包括从销售目标分析与制定、目标分解到销售进展监控的各个阶段，重点是为了保证目标达成而进行的管理工作，包括业绩目标管理、市场资源协调、重大项目管理、业绩考核以及参与激励政策制定、提供干部任免意见等。销售管理部的职能总结如图 7-6 所示。

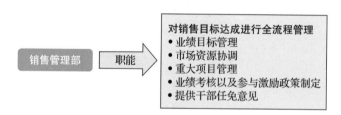

图 7-6　销售管理部职能

销售管理部在组织结构中扮演着关键角色。它向上对销售业务负责人汇报工作，作为销售业务负责人的参谋部为其提供决策支持和建议；向下管理各业务部门的销售业务，与各业务部门的销售团队管理者建立直接的业务管理关系。

虽然销售管理部对各业务部门的销售团队管理者没有行政管

理关系，也没有直接的任命权，但它的职能至关重要。它负责对各业务部门的销售业绩进行考核，考核结果直接影响各业务部门的销售团队管理者的升职或降级。此外，销售管理部可以将关于干部任免的意见直接汇报给销售业务负责人，因此其意见对销售人员来说相当有影响力。

销售管理部的重要职能是建设和推行销售管理制度，这包括价格审批制度（special price quotation，SPQ）和项目分析会两个主要制度。

（一）价格审批制度

华为企业网上的产品有列表价，这个是企业拿到的最终价格。代理商做 To B 项目的时候，厂家要给代理商留出利润空间，所以一线销售人员要给代理商的项目申请产品折扣，这个折扣就是项目特价（special price），由负责该项目的销售人员填写，上报给销售管理部进行该项目的特价申请，这个流程就是价格审批制度。

销售管理部在规划各级业务单位的项目折扣权限时，会根据不同的管理层级设定相应的权限。例如，国家代表处有国家代表处销售管理部的价格折扣权限，地区则有地区销售管理部的价格折扣权限，每个层级都会设立各自的项目折扣权限。这样的分级管理可以确保价格决策上的灵活性和效率，同时也能够避免折扣的滥用。

在国际市场拓展期间，海外各代表处可能出现一些异常的特价申请。例如，一些百万美元级别的项目申请了非常低的折扣，理由是竞争激烈。在业务发展迅速、管理工作不够细致的情况下，这些申请可能会被批准。

然而，相应的国家代表处销售管理部意识到了这种情况的危险性，因此加强了管理措施。相应的国家代表处销售管理部发布了文件，重申了价格审批的规则，以遏制这种异常申请的趋势。同时，对于那些连续申请被认为异常折扣的销售人员，国家代表处销售管理部进行了特别关注，以防止这种现象成为常态。

在华为的重大项目直销模式中，华为直接与客户签订合同。这类重大项目的折扣是按照公司规定，经过各环节审批通过后，直接给予客户的。这种方式确保了折扣的透明度和合理性，也便于公司对折扣政策的控制。

在渠道销售模式中，华为不直接供货，而是由代理商出面与企业签订合同并供货履约。代理商为了拿下项目，可能会与企业进行接触，要注意可能存在灰色的商业利益，这时需要销售管理部格外小心。

(二) 项目分析会

在各级业务单位的销售例会中，项目分析是一个重要的环节。这些会议旨在针对重大项目进行深入分析，或者单独召开项目分析会，以确保对项目的全面了解和有效管理。

项目无论是成功还是失败，结束后都应该召开项目分析会。这些会议的目的是总结成功的经验、吸取失败的教训，以促进团队的学习和成长，提高项目运作能力和项目管理能力。

销售管理部的主要任务是保证和促进本级单位的销售目标达成，即"抓结果"。通常，销售管理部通过销售例会的形式来检查下级各业务单位的销售进展，即"看指标"。

例如，省级代表处每周都要开销售例会，对这一层级的销售管理部来说，月例会是重点；国家代表处也是以月例会为重点；各大地区主要关注季度例会；各BG则重点关注半年和年度述职会。

在本书第五章第二节中，已经详细介绍了销售会议的召开方式，这里不再重复。

总的来说，销售管理部在公司的发展中扮演着关键角色，负责市场情报的收集、拓展计划的制订、销售项目的跟踪、团队的培训及资源的协调。从总部开始，这种管理模式逐步扩展到区域中心。销售管理部负责人需要具备丰富的一线销售经验和战略眼光，并推行销售管理制度，以确保全流程销售目标的管理，保证目标的达成。

第八章　提升组织能力，打造常胜之师

第一节　组织能力建设

任正非曾说，人的生命总要终结，华为最伟大的一点是建立了无生命的管理体系。换句话说，华为未来的发展与生存并不依赖某一个人，而是依靠组织自身具备的能力。

我一直强调，业绩增长依赖于销售能力和组织能力的共同提升。那么，什么是组织能力？我们该如何打造并传承销售团队的组织能力呢？接下来，我们将深入探讨这些问题。

一、什么是组织能力

华为强调将能力构建在组织之上，旨在减少公司对个人能力的依赖。

那么,何谓组织能力?组织能力是指一个组织在特定环境和条件下,通过有效利用和配置自身的各种资源,实现组织目标的能力,是一个组织领导力、决策力、创新力、执行力以及各种管理能力的结合。组织能力对于一个公司的发展和成功至关重要,它能帮助公司适应变化的市场环境,提升竞争力,实现持续发展。

组织能力其实就是组织实现工作目标的业务能力,这种能力在公司的业务流程中得到体现,明确了业务开展的步骤。这种业务能力有方法论和工具,通过流程来展现。

然而,仅仅拥有流程、方法论和工具,并不意味着具备了组织能力。这些要素需要被固化,只有当流程、方法论和工具被固化下来,才能真正减少对个人能力的依赖,实现能力在组织层面的构建,而这才是真正的组织能力。在华为,这种固化的方式是通过融入 IT 系统实现的。规模较小的公司可以先使用 Excel 等基础工具进行固化。

华为拥有众多长短不一的流程,例如市场到线索(marketing to lead,MTL)和 LTC 这两个销售领域的流程。组织能力的内涵丰富,这些流程、使用流程的人员以及流程在实际工作中的应用效果,都是组织能力的具体体现。

正如表 8-1 所示,面试的组织能力实际上是指拥有流程化、标准化的面试流程和招聘系统。那么,如何确保所有部门和分公司都更快、更好地招聘到合适的人才呢?首先,我们需要划分流程阶段：第一步是 HR 面试，第二步是业务面试，第三步是综合面试，第四步是背景调查。接着，明确每个阶段的责任人是谁，他们的职责是什么、关注点是什么以及需要输出什么结果。最后，通过招聘 IT 系统来固化这些流程，实现组织在面试方面的能力构建。

表 8-1　面试流程

环节	责任人	职责	关注点	结果
HR 面试	HR 部门	根据职位需求选择合适的招聘渠道发布招聘信息	对收到的简历进行筛选和分类	通过电话与应聘者沟通，了解其求职意愿
业务面试	用人部门专业面试官	对应聘者过往经历、成功案例和专业能力进行全面评估，判断其是否适合岗位	对于部分岗位，HR 部门与用人部门共同进行面试；对于重要岗位，则各部门安排两位面试官同时面试，并分别提供面试意见	
综合面试（经理及以上岗位需进入终试环节）	综合面试官	考察应聘者与企业文化、价值观的匹配度	1. 企业文化、价值观认同度 2. 稳定性、发展性	综合面试官在《面试评价表》中填写终试意见，包括是否建议录用、薪酬建议以及是否需要进行背景调查
背景调查	HR 部门	对履历与面试结果的真实性进行调查	1. 学历真实性 2. 工作经历的真实性（任职时间、任职岗位、汇报对象、离职原因、工作业绩与评价） 3. 薪资	HR 部门负责填写《背景调查表》，记录调查结果是否属实，并根据调查结果决定是否录用应聘者

二、如何打造组织能力

如何打造组织能力？

首先，企业需要构建业务流程架构，这是对理想组织能力的描述，它通过设定未来 10～20 年的能力标准，引导企业组织能力的建设。然后，企业应通过持续的变革来逐步打造和完善组织能力。

选择一流的流程架构意味着企业在短期内可能无法完全达到这些标准。如果满分为 5 分，企业可能在第一年的评估中只得到 2 分，第二年提升到 3 分，不可能一蹴而就。因此，企业需要每年制订变革计划，明确如何使现有流程满足流程架构的要求，以及如何将流程提升为业务级应用。这涉及组织、流程和 IT 系统的整合。在每年的业务战略制定完成后，企业应进行管理变革，而变革项目正是变革实施的载体。企业通过开发变革方案并推广落地应用，产生价值以支撑业务发展，最终通过业务目标的实现逐步打造出组织能力。

华为的成功源于其持续的变革。自 1987 年创立以来，华为在每一个成长阶段都经历了关键的变革，这些变革重塑了其流程和制度。正是对持续变革的坚持，使得华为始终保持在行业的前沿。

《华为基本法》的诞生标志着华为转变为一个全员持股的企业，华为将许多共识写入《华为基本法》，如"资源是会枯竭的，唯有文化才会生生不息""我们决不让雷锋吃亏，奉献者定当得到合理的回报"。1998 年，华为开始系统地引进世界级管理咨询公司的管理经验，当时华为的年营收仅为 89 亿元，而 IBM 已是年入 817 亿美元的巨头。在接下来的 20 多年里，华为在集成开发、集成供应链、HR 管理、财务管理、质量控制等方面，与 IBM、合益（Hay）、美世（Mercer）、普华永道、德勤、德国国家应用研究院等 30 多家企业合作。

华为在过去 30 多年里，始终坚持对流程和制度的迭代优化，实现了将能力构建在组织之上的目标。

三、组织能力的打造由谁负责

各级干部是组织能力建设的第一责任人。

流程架构建立好之后，谁负责完善组织能力呢？许多企业在建立流程时，往往不愿意派遣水平较高的人员，认为这些高手还需要专注于业务和具体工作。然而，制定流程的人应该是组织中水平最高的人，因为只有他们才有能力总结和提炼出有效的流程。

在企业中，了解全局、业务水平高的人通常是业务负责人或高管，他们能够规划全局、构建大架构。因此，各级干部承担着组织能力建设的首要责任。

在华为对干部的要求中明确指出，干部需要具备塑造组织能力的能力，同时各级干部也是各级流程的负责人。

如图 8-1 所示，我们可以看到华为对干部在组织能力方面的要求，以及不同级别的干部需要负责的流程建设级别不完全一样。

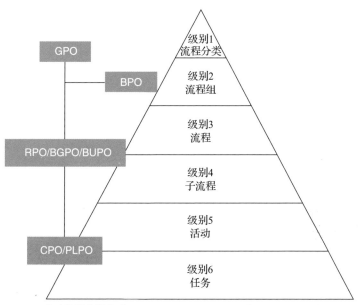

全球流程责任人（global process owner，GPO）
业务流程责任人（business process owner，BPO）
地区流程责任人（regional process owner，RPO）
业务群流程责任人（business group process owner，BGPO）
业务部门流程责任人（business unit process owner，BUPO）
国家流程负责人（country process owner，CPO）
产品线流程负责人（product line process owner，PLPO）

图 8-1 华为各级别流程负责人

第二节 打造销售铁军系统

上一节我们站在整个企业的角度，探讨了组织能力的定义和建设方法。具体到销售团队的组织能力建设，关键在于各级销售干部要承担起组织能力建设的工作。

一个企业的销售铁军系统大致分为销售业务负责人（创始人、

销售副总等）——名帅，销售团队管理者（销售总监、销售经理等）——勇将和销售人员——精兵，共三个层级。

一、名帅做什么

名帅是销售铁军的一号位，其工作核心就是对企业的销售规模和利润的长期健康增长负责。

在公司的整体战略确定之后，销售负责人首先需要制定销售战略。接着，围绕这些战略制定或优化相关的流程，例如华为的LTC流程（见图 8-2）。然后，结合这些流程进行资源（这里主要指的是人力资源）分配，建设销售组织体系。最后，需要激活销售组织的活力，目标是取得胜利，确保所有销售人员能够"力出一孔"和"利出一孔"，即集中力量，共同为公司的利益努力。

所以，名帅需要重点打造的组织能力包括：

- 销售战略的规划能力
- 销售流程的建设能力
- 销售组织体系的建设能力
- 激活销售组织的能力

作为名帅，他的任务是能够塑造和培养一支优秀的将领队伍，能够带领全军找到正确的方向，采用正确的战略，战胜敌人，赢得战争。

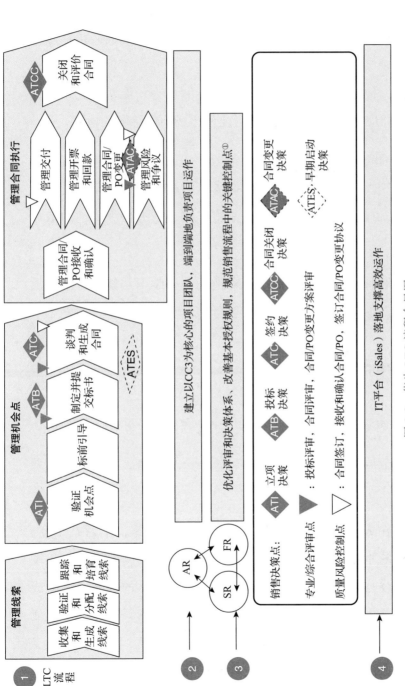

图 8-2　华为 LTC 流程全景图

注：1. PO 为采购订单。
2. CC3 为华为"铁三角"。AR 为客户经理，SR 为产品解决方案经理，FR 为支付管理与订单履行经理。AR、SR、FR 是华为"铁三角"团队的核心和主导角色。
① 接内接受求确认节点，专业/综合评审节点和质量风险控制点。

名帅需要具备高超的战术眼光和战略思维，他们必须从宏观的角度审视战争的全貌，合理分配资源，充分发挥每位将领的专长。此外，他们还应该具备敏锐的市场洞察力，能够预见市场变化，制定相应的应对策略，确保企业在市场中保持领先地位。

名帅肩负着锻造精兵强将，塑造一支敢于冲锋陷阵、战无不胜的销售铁军的使命。同时，他们需要洞察对手的行动，善于谋略与布局，在瞬息万变的市场中赢得先机，把握稍纵即逝的战略机会窗。

这对名帅有极高的要求，要求他们加强学习与修养，不断反思与总结，在实战中迭代改进。这是他们一生的课题。

二、勇将做什么

在本书的第二部分"勇将之道"中，我总结了勇将应该做什么。

第一个层级是从老兵晋升为班长——从销售人员成长为基层干部。

士兵在入伍后，会在新兵训练营中刻苦训练，学习站军姿、叠被子等基本技能，然后是开枪、扔手榴弹、摸爬滚打等实战技巧以及进攻与防御战术。他们经历了汗水和泪水的洗礼，逐渐成长为具备基本战斗技能的战士。走出新兵训练营，经过第一次战斗的洗礼，他们开始真正理解战争和战斗的本质，学会在战场上生存和击败敌人。通过一次次的战斗锤炼，他们终于成长为经验丰富的老兵。

在这个阶段，老兵可以晋升为班长，这是他们成为基层干部的第一步，负责几个人或十几人的小团队。这是一个重大的转变，因为老兵只需关注自己的战斗表现，而班长则需要带领和管理整个团队，确保团队的有效运作和高战斗效能。

班长需要认识到自己角色的变化：不再是单打独斗，而是要保证团队的整体战斗力；不再是彰显个人英雄主义，而是要培养团队的协作和牺牲精神；不再是追求个人胜利，而是要确保团队取得战斗的胜利。这对老兵来说是一个全新的挑战，他们需要学习新的管理技能和领导能力，以适应这一角色转变。

销售经理就像班长，需要具备以下四种能力。

第一，团队建设的能力。

管理者的核心职责是什么？是确保任务的完成。这要求管理者具备坚定的执行力，不惜一切代价，尽自己所能完成任务，确保使命达成。任务的完成并非依靠管理者个人，而是依赖于整个团队的合作。因此，销售经理需要具备领导力，确保团队成员听从指挥，共同完成任务。简而言之，"坚决完成任务"既需要执行力，也需要领导力，其目标是打造一支士气高昂、敢于胜利、使命必达的团队。

第二，纪律严明的能力。

为了打造执行力，必须强调纪律的重要性。纪律严明是领导力的体现。在团队中树立起钢铁般的纪律，确保令行禁止，使整个团队能够整齐划一地执行命令和遵守纪律，这是团队取得良好结果的关键。

第三，赏罚分明的能力。

想要树立钢铁般的纪律，必须实行赏罚分明的原则。团队中的每个人都应清楚知道哪些行为是受到奖励的，哪些是受到处罚的。敢于执行处罚也是领导力的体现。没有纪律，就无法建设有执行力的团队。

第四，考核准确的能力。

为了实现赏罚分明，必须建立准确严格的考核体系，包括公平客观的考核规则和标准。这涉及谁应该受到奖励，谁应该受到处罚，以及他们应该受到何种奖励或处罚，这些都应该有明确的依据。

从老兵到班长的转变是一个通过实践获得经验和能力的过程。同时，通过培训提前建立理论认知也很有帮助，可以少走弯路。此外，上级领导的指导在这个过程中也非常重要。

第二个层次是从班长不断晋升——从基层干部成长为高层干部。

在老兵胜任班长一职之后，随着经验的积累和能力的提升，他可以晋升为排长或连长。这就像销售经理在积累了几年经验后，随着团队规模的扩大，可以晋升为销售总监一样。在这个阶段，他的工作重点会有所不同。

作为班长，他是军中之父，直接管理士兵，工作重点是确保士兵有效地执行战术动作，提高士兵的战斗力。而成为排长或连长后，他管理的对象变成了其他干部，工作重点转变为确保其他干部有效地指挥战斗，取得战斗的胜利。销售总监的角色与之类似，他要管理多个销售经理，确保整个销售团队的成功。

当晋升为营长或团长时，管理的团队规模更大，面对的问题更复杂，需要考虑的方面也更多，因此要有更宽阔的视野。

从基层干部到高层干部，这一路上，管理者的关注点从战术动作升级到战斗，再从战斗到战役，最后到整场战争。这个过程中，需要管理者的视野越来越宽阔，格局越来越大，考虑问题越来越全面，领导力越来越强大。

对销售干部而言，这一原则同样适用。当他们担任销售经理时，就像班长管理十几个士兵。随着销售团队规模的扩大，从三五十人、七八十人，到上百号人，他们逐渐晋升为销售总监。

在管理销售团队时，要做到考核准确、赏罚分明，管理者需要深入了解销售团队的业务，包括行业特征、企业特征、项目特征。只有懂业务，才能制定出合适的考核标准，对销售人员的业绩给予恰当的奖励和处罚。

与军队的将军类似，管理者需要具备培养干部、使用干部、管理干部的能力。他们不仅需要"将兵"，还要会"将将"，这是管理能力的直接体现。对团队来说，是否敢于胜利，可以从士气的高低来判断。所有这些工作的最终目的是建设一个士气高昂、敢于胜利的团队。

对销售经理、销售总监来说，他们不再只是直接参与销售项目，而是要带领团队面对复杂的市场环境，应对来自竞争对手和其他企业的挑战。

以前做一般销售人员时，只需面对几个企业，考虑如何赢得项目、获取订单。而现在，他们需要面对的是一个或几个庞大的市场。市场广阔，往往让人感到无从下手。如何从市场中获取信息、挖掘线索？有了线索后如何操作？如何打造一个士气高昂、使命必达的团队？这些都是管理者需要深入思考和解决的问题。

所以，勇将需要重点打造的组织能力包括：

- 战略解码能力。
- 销售策略制定能力。
- 提升销售人员核心技能的能力。
- 管理销售业务与团队的能力。
- 营造团队氛围的能力。

华为对销售干部的核心能力提出了明确的要求（见表 8-2）。

表 8-2　华为销售干部的核心能力

客户关系类	销售项目运作类	商务谈判类
客户关系拓展	销售项目运作	谈判策略
客户关系规划与维护	顾问式营销	双赢谈判

三、精兵做什么

在本书的第一部分"精兵之道"中，我已经详细阐述了销售人员应具备的能力。

销售技能是销售工作的基础，主要包含两个方面：一方面，销售基本功，即单兵销售技能，包括商务拜访技能、面对面的销售说服技巧等；另一方面，销售项目运作能力。所以，精兵的首要任务就是好好训练，掌握技能。

精兵还面临着一个重要的课题，即如何在复杂的地理环境中应对不同数量和武器配置的敌人。这需要精兵学习单兵作战以及小组作战的战术。同理，销售人员需要学习如何面对不同的项目，掌握多种项目运作技能，包括如何运作项目以赢得订单。掌握这些技能可以帮助销售人员在复杂的商业环境中取得成功。

本书前面讲到的"五条关系线"就是精兵实战所需的战术理论。来自西方的 To B 销售理论是成熟的方法论，华为经过学习之后在 To B 行业市场积累的成功案例和宝贵经验，证明了这些理论的普遍性。

新入行的销售人员就像新兵入营一样，在掌握了基本的销售技能之后，就像学会了如何开枪和扔手榴弹，具备了单兵作战的基本能力。在他们学习了项目运作的基本技能后，他们需要在市场中进行实际操作，争取订单。在这个阶段，他们仍然处于单打独斗的状态，是个人贡献者。从个人贡献者到更高层次的领导者，还有一条漫长的成长之路要走。

对精兵来说，有一个非常重要的能力要求，那就是令行禁止。这是衡量一个组织是否具有执行力的关键指标。如果团队中的每个人都拥有不错的能力，都能独立作战，但是都不遵守纪律，那么这个团队只能算是一个松散的团伙，或者说是"游击队"。这样的团队是难以成长壮大的，缺乏纪律的约束，其战斗力最终会逐渐消失。因此，我们需要的是一支令行禁止的"正规军"。

对精兵来说，除了持续的训练，关键在于严格抓纪律。必须让每个人都遵守纪律，没有任何人可以例外。通过培养每个人对纪律的遵守和对纪律的敬畏，团队的执行力就得以形成。这种纪律性的养成是确保团队高效运作、达成目标的基础。

第三节   干部团队建设

组织能力的建设并非一蹴而就，它需要与企业的战略和发展紧密结合，并能在快速变化的经营环境中不断迭代升级。因此，企业必须持续关注销售团队的人才梯队建设，以确保销售组织能力与时俱进。

人才梯队建设指的是，在现有人才发挥作用的同时培养他们的接班人，也就是做好人才储备。这样，当这批人才发生变动时，能够及时由新的人才接替，而新的人才的接班人也正在接受培训或锻炼，形成了一个不同水平的人才梯队，就像阶梯的不同层级一样高低有序。这种持续的人才培养和储备机制，有助于保持组织的活力和竞争力。

在人才梯队建设中，干部团队是组织能力建设的重中之重，也是企业"主帅"的核心工作之一。"火车跑得快，全靠车头带"，这句话强调了企业领导层的重要性。作为一家企业的"主帅"，他们需要考虑的是如何聚集和培养一批将才，并确保这些人才充分发挥作用，实现企业的目标。这不仅是一项战略任务，也是企业成功的关键所在。

然而，企业在干部管理上却经常感觉有心无力，常见的问题有三个。

第一，干部团队缺乏人才。业务版图想拓展，团队想壮大，但没有合适的人选。例如，想要拓展华南区市场就需要任命一位华南区销售总监，但目前的团队里没有可堪此任的人选。

第二，人浮于事。管理层一团和气，没有竞争氛围，更不会主动将有潜质的员工培养成为管理人员。例如，某行业线销售总监设定的目标永远低于行业水平，员工虽然在业务量上轻松了，但是没有得到锻炼。

第三，能力滞后。成熟企业发展到一定阶段后，管理层平均年龄逐渐升高，导致市场敏感度降低，一旦行业发生变革，企业就会面临危机。

这些问题都严重阻碍了业绩增长目标的实现，是组织能力欠缺的体现，根源在于干部培养与管理机制的缺失。如何建设相对完善的干部管理机制，培养能打胜仗的各级人才？在华为有干部管理七步法（见图8-3）。

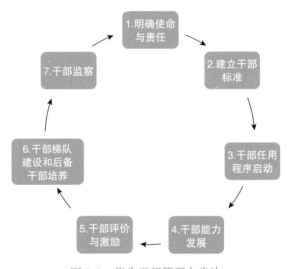

图 8-3　华为干部管理七步法

需要说明的是，这里的干部是指团队中的所有管理层人员，包括现有管理者以及潜在和储备的管理人才。下面我将详细介绍这七步。

一、明确使命与责任

首先要明确干部存在的理由和价值。狼群行不行，看头狼；团队行不行，看领导。

干部要成为企业文化和价值观的传承者、业绩目标的第一责任人，干部应提升团队业务水平和管理水平，承担发现和培养人才的职责。

销售干部中，销售副总作为一把手，制定战略时要果断，懂取舍；销售总监要能充分理解战略并制定好销售策略；销售经理要追求销售结果，达成业绩目标。

二、建立干部标准

标准是指用于指导和管理可以明确参考的条目。希望读者朋友们先回想自己所在企业的干部标准。有的朋友可能说，他们企业只有大概的要求，而没有明确的标准；有的朋友可能说，他们企业虽然有标准，但并没有得到有效执行；甚至有的朋友会说，他们企业的标准就是得到老板的认可。

标准是组织管理的重要工具，它能够提供明确的方向和依据。华为在最初十年里也面临缺少标准的问题，后来在咨询公司的辅导下，通过公司内部的不断调整和完善，形成了一套相对完整的标准体系。这个标准体系包括四条标准，它们为华为提供了明确的管理指导，帮助华为在后续的发展中取得了显著的成就。

标准一：绩效是分水岭，是必要条件。

华为的要求是，只有绩效排名前 25% 的人才有资格被选拔为干部。这意味着只有那些做出实质性贡献的人才有机会进入干部发展通道。这种做法体现了华为对优秀人才的重视，强调机会永远留给优秀人才。

"分水岭"这个概念强调了绩效排名前 25% 的标准是成为干部候选人的必要条件，满足这个条件的人才有资格成为干部候选人。但也要注意，如果不满足其他要求，即使绩效好，也不一定会成为干部候选人。

对于团队，特别是销售团队，这一点尤其重要。团队领导需要明确地传递这样一个信号："我们的机会和利益分配优先给予那些奋斗者。"这样的信号能够起到很好的牵引作用，激励团队成员更加努力工作、提高绩效，从而为成为干部候选人做好准备。

标准二：品德是底线，具备一票否决权。

在华为的管理理念中，品德是非常重要的考量因素。不符合品德要求的干部将会被一票否决，这意味着即使他们在其他方面表现出色，一旦涉及道德操守问题，如贪污受贿、作风不良等，也会失去成为干部的资格，甚至可能被逐出团队。

标准三：价值观是基础。

任正非曾说过，一个人要么有使命感，要么没有使命感，不分高中低。在华为，干部是与华为价值观高度契合的同心人。华为选拔干部时，有三种员工是肯定不能提拔的：第一，以领导者为中心，溜须拍马的员工；第二，以产品和技术为中心，不会带领团队的员工；第三，以自我为中心，不跟别人协作的员工。

标准四：能力是关键成功要素。

在华为，对干部的能力要求可以概括为"四力"：决断力、执行力、人际连接力和理解力（见图 8-4）。这些要求普遍适用，但不同层级的干部侧重点有所不同。

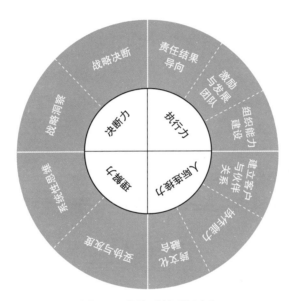

图 8-4　华为干部"四力"

高层干部：侧重于较强的决断力和人际连接力，以便在复杂环境中做出明智的决策，并有效协调不同部门和团队。

中层干部：侧重于理解力，能够理解企业的战略意图，并将这些意图转化为具体的行动方案。

基层干部：侧重于强大的执行力，确保基层团队按照既定计划高效执行任务。

此外，经验也是一个重要的考量因素，包括业务经验、区域经验、管理经验和项目经验。不同企业会根据自身特点和需求对干部能力的要求进行调整，这种思路值得我们借鉴。

以上四条标准中，前三条是原则性要求，具有普遍性，第四条中提到的能力则需要企业家们根据企业自身情况制定。例如，一些中小企业可能更强调团队激励和市场洞察能力，而具有互联网属性的企业可能会更注重干部的好学、开放和服务用户的能力。

三、干部任用程序启动

如何选拔干部？华为坚持从有成功实践经验的人中选拔干部，优先从成功团队中选拔后备干部。正所谓"宰相必起于州郡，猛将必发于卒伍"，有成功实践经验的人，一般都具有一定的方法论及领导能力，他们经过培养，很容易吸收企业的管理方法。

华为选拔干部的方法是通过关键事件考核。任正非曾指出，选拔后备干部时，应关注其在关键事件、突发事件、组织利益与个人利益冲突时的立场与行为。这是在考验在企业面临危机、需要采取战略性对策、实施重大业务和员工管理政策调整以及业务发展需要员工牺牲个人短期利益时，核心员工能否表现出鲜明的立场，为企业利益着想。

通过关键事件的考察，华为能够评估员工的忠诚度、业务能力以及是否符合干部的标准。这种选拔方式有助于确保选拔出的干部能够应对各种复杂情况，并在关键时刻为企业做出正确的决策。

曾经，我辅导的一家公司进行了组织架构调整，新增了一个销售管理岗位。销售部门的两位总监候选人，A和C，都有机会获得晋升。最终，A被选中。C得知后，怒气冲冲地质问为何不是他。我向他解释，原因在于他没有一线工作经验，而该岗位需要这样的经验作为支撑。C听后，主动申请去一线工作。一年后，他心悦诚服地告诉我："我一直以为自己很厉害，直到在一线工作之后，才发现我的很多想法都是想当然。"

英雄未必是"将军"，选拔与淘汰本就是一体的。在选拔干部时，我们必须慎之又慎。

在干部任命过程中，不能出现既担任裁判又充当球员的情况。在华为，干部任用有着严格的程序（见图8-5）。华为采用三权分立的方式：建议权通常由主管部门行使，属于矩阵管理的相关管理部门具有建议否决权，华为大学等部门有评议权，行政管理部等部门有审核权；否决权和弹劾权则通常由党委拥有。中小企业也应将这三组权力分配给不同的部门或责任人，以形成制衡，确保公平公正，降低徇私舞弊的可能性。

四、干部能力发展

如何提升干部能力，为企业业务的持续发展提供源源不断的优秀干部资源？这涉及创始人、业务部门、人力资源部门以及培训部门等多方面的协作。请注意，这里强调的是干部培养，而非仅仅是干部培训。培训只是培养过程中的一个工具。

• 年度干部任用决策和日常任用决策是干部任用的两种形式
• 干部任用的评价要素是岗位要求和干部标准
• 干部任用方式：三权分立

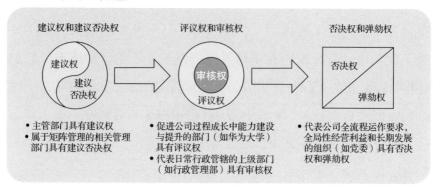

图 8-5　华为干部任用程序

　　"将军是打出来的"，这是华为在干部培养上的核心理念。这
意味着，干部培养更多是通过提供各种岗位实践和实战的机会，
在业务锻炼的过程中不断提升干部的视野、格局和才能。干部的
成长并不局限于课堂，但这种培养方式并非放任自流，而是需要
给予充分关注。

　　在干部上岗前，根据不同层级，华为设置了不同主题的训练
营。干部可以提前学习和实践下一层级的内容。例如，对于高层
干部，华为设有高管班，可以让他们深入学习经营管理理念；对
于后备干部，则有青训班。

　　在干部上岗后，针对中基层干部，华为实施了 90 天转身计划
（见图 8-6）。通过 90 天的陪跑辅导，整合主管、导师、教练等多
重角色，帮助干部在思想、能力、业务、职场关系和时间分配等
方面，适应新岗位的要求。

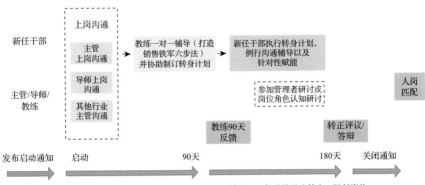

为新任干部配置主管、导师以及教练三个角色，实施"VIP辅导"，帮助其迅速转身、胜任岗位。
主管：上岗沟通、接受教练访谈和反馈、日常工作方向把握和支持。
导师：上岗沟通、接受教练访谈、日常经验分享和响应求助。
教练：跟踪整个转身赋能进展，重点实施一对一辅导、90天反馈。

图 8-6　华为干部 90 天转身计划

　　培养各层级销售干部，以形成良将如潮、英雄辈出的梯队，这是奠定企业长期健康增长的关键基础。

　　销售的目标是战胜竞争对手，赢得客户的信任和订单。因此，无论培养哪一层级的销售干部，我们首先要考察的是他们是否具备必胜的信念。那些未战先怯的人，不值得培养。此外，我们应根据不同层级所需的不同能力，进行针对性培养。

（一）如何培养销售副总

　　销售副总要聚焦销售战略，懂取舍，所以要侧重培养其战略规划的能力，在华为一直都用业务领先模型（business leadership model，BLM，见图 8-7）来进行战略规划，通过让培养对象参与每次销售战略规划并逐步主导战略规划，完成销售副总的培养。那么如何保证销售副总能做好战略规划呢？

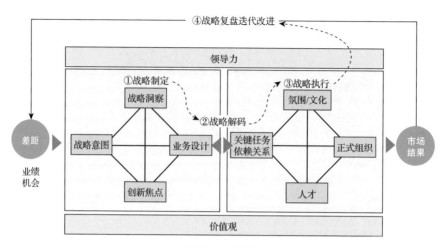

图 8-7   BLM

　　我们可以发现，古今中外的成功元帅基本上都有一个共同特征，那就是具备领先者的思维方式。无论他们的出身如何，无论他们当时面临的环境多么困难，他们始终坚信最终的胜利属于自己，未来的天下也必将是他们的。

　　因此，在培养销售副总时，我们必须让他们以领先者的思维方式来思考战略，从最终的胜利出发，倒推策略的先后顺序和取舍。

（二）如何培养销售总监

　　销售总监需要深入理解销售战略并对其进行解码，以形成具体的销售策略和关键任务。因此，我们应侧重于培养他们的战略解码能力。华为目前使用的战略解码工具是业务执行力模型（business execution model，BEM，见图 8-8）。在培养过程中，我们要求培养对象参与并逐步主导整个战略解码过程。

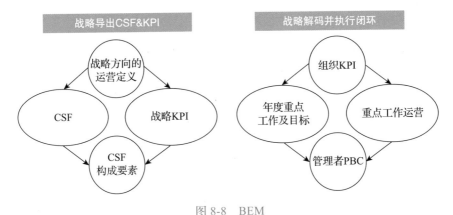

图 8-8　BEM

注：CSF 为关键成功要素，KPI 为关键绩效指标，PBC 为个人绩效承诺。

（三）如何培养销售经理

我们常说："仗怎么打，兵就怎么练。"因此，销售经理的培养通常采用训战结合的方式。首先，他们需要集中学习理论知识（例如，销售打法书），然后到一线进行实践，实践后再去学习理论知识，接着循环这一过程。在实践中，他们的能力将得到提升。

五、干部评价与激励

在干部评价与激励方面，我们需要采取一种全面且细致的方法。一方面，我们要建立一个以责任结果为核心的价值评价体系，鼓励干部始终以企业需求为导向，为企业创造价值。另一方面，干部在履行职责的过程中产生的责任结果和关键行为，应成为我们评价他们的主要依据。基于这些评价结果，我们可以实施相应的激励措施，包括晋升职位、安排培训、提供奖金和分红等，并且对表现不佳的干部进行调整。

现在，让我们思考一个问题：仅仅提供高额薪酬，就能保证员工持续努力工作吗？答案是否定的。评价与激励体系必须深入理解人性，并在此基础上进行设计。华为的激励原则就很好地体现了这一点。

原则一：努力工作的人应该比不努力工作的人得到更多的回报。如果员工感觉自己的薪酬不合理，他们应该努力提升自己的贡献，而不是抱怨。

原则二：干部应该适应职位变动。华为每年都会对干部进行末位淘汰，包括高层、中高层和基层。即使是高层干部，也需要接受这一制度。这一政策确保了组织的活力，并且表现优秀的转岗干部仍有机会重新获得起用。

根据我的观察，很少有企业能在设计评价与激励政策的同时遵循这两个原则，这值得我们深思。

六、干部梯队建设和后备干部培养

干部梯队建设，即干部继任计划是为了避免陷入无人可用的窘境，在日常运营中，我们应当注重后备干部的选拔和培养，为他们提供更多的实践机会。

(一)"四点一线"策略

"军不可一日无帅"，干部人才瓶颈往往是企业最头疼的事。

干部继任计划对于干部资源的精细化管理和发展至关重要，其核心在于建设一个有效的干部梯队。通过继任者管理，我们可以解决四大风险：空缺风险、准备度风险、过渡风险、任用风险。

继任者管理对于企业的稳健运行起着至关重要的作用。继任计划的"四点一线"策略，从业务战略、对组织 / 人才的需求、岗位要求出发，旨在识别和发展能够胜任岗位，并有能力引领企业走向未来商业成功的领导者及干部梯队。

在"选"的环节之后，就进入了"用"的环节。对于干部的任用，我们需要制订年度计划，在实践中让他们成长，发现自己的不足，并培养自己的能力。同时，我们还应给予干部必要的培育，例如建立角色认知、90 天转身计划以及如何在岗位上实践等。在"留"的环节，我们对干部的绩效进行考核，对于不合格的干部要及时处理。

通过这样的方式，我们可以确保干部梯队的健康发展和企业的长期稳定。

（二）面向未来发展建立干部梯队

人才梯队建设是一项面向未来的工作，是一项投资行为。在进行这项工作时，我们首先需要考虑的是人才的成长潜力、适应能力和增值潜力。

《哈佛商业评论》强调，选择正确的人才是企业最重要的任务，而潜力应该是首要的考量标准。因此,在构建人才供应链的过程中,以高潜力作为人才梯队建设的首要标准是至关重要的。

理想的人才梯队应该在数量、结构、质量和流动性这四个维度上保持良好的平衡。这意味着企业需要有足够数量的胜任人才可供调用。同时,企业还需要建立多层级、多梯度的人才管道,确保梯队的每个层级都有继任者和实践者。华为的干部继任计划就是一个很好的参考案例(见图 8-9)。

图 8-9   华为干部继任计划

我们身处一个快速变化的时代,如果想实现稳健而快速的发展,必须重视人才梯队建设,并且为未来的发展做好人才梯队建设的准备。

七、干部监察

没有监察必然滋生腐败,因此要建立威慑系统,使干部放开手脚开展工作，但不越轨。华为的干部监察以针对不合格干部的否决弹劾为指导原则，以自我约束和制度约束两手抓为监察机制。

首先，干部监察要有足够的威慑力，以预防腐败的发生。一旦发现腐败行为，必须进行严厉的惩罚。其次，重点应放在教育上，遵循"惩前毖后、治病救人"的原则。如果干部能够改正错误，应给予他们机会。最后，要强调自我教育，比如华为会组织干部学习公司政策，进行道德遵从座谈、自律宣誓等活动，使自我监察成为一种习惯。

总体来说，干部是业务发展和组织建设的火车头，承担着传承价值观、发展业务、构建组织、带领和激励团队的重要使命和责任。如何选拔、怎样选拔、怎样培养、怎样激励和考核干部，是领导者必须深入思考的问题。

在华为干部管理七步法中，有几个关键词反复出现："选拔""实践""考核""激励"。这也是我在辅导企业时经常强调的几个方面。我们需要大量的后备人才，并为他们提供足够的实践机会来促进他们的成长。只有通过实践的检验，我们才能发现真正的人才。同时，我们也需要给予他们公正公平的考核和及时合适的激励。

第九章　赏罚分明，做好考核与激励

第一节　公平高效，基于业务的考核体系设计

考核与激励是一个问题的两面，本质上是用管理的手段，把蛋糕做大，再把蛋糕分好。只有分好蛋糕，蛋糕才能被继续做大。然而，考核与激励是一项相对复杂的工作，如何做到高效、公平，十分考验企业管理者的水平。

华为在其发展过程中形成了以价值循环链理念指导的优秀实践，有效地激发了员工活力，实现了企业和员工的持续共赢。如图 9-1 所示，华为价值体系在围绕激发员工的欲望和维护企业的核心价值观的基础上分为三个阶段，首先是价值创造，也就是"做蛋糕"；然后是价值评价，也就是"论功"；最后是价值分配，也就是"行赏"，即"分蛋糕"。

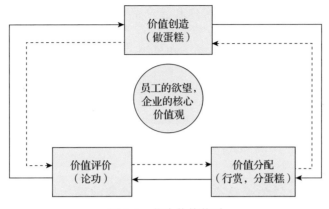

图 9-1 华为价值体系

下面基于华为的理念和实践，结合我多年咨询与辅导的实战经验，探讨如何通过优化销售团队的考核与激励政策，打造销售铁军。

销售团队会在考核环节面临很多问题。例如，今年公司制定的业绩目标是 4 亿元，到了年底发现，业绩目标达成了，并且较去年增长 15%，看起来还不错。然而仔细分析数据，却发现行业整体增长了 20%，公司的主要业绩增长在老产品和老客户上。公司期望的新企业拓展、新市场开发等业务并没有完成，而竞争对手却拿下了很多战略性客户，明年一旦发力将让我司陷入被动局面。

那么，为什么会出现考核指标好像达成了，但是实际上结果并不理想，没有达到公司预期的情况？这是因为考核指标制定得并不合理。

就如这个例子，今年的业绩目标是达到了，但是实际上，公司的发展是比行业增长慢的，也就是说公司的业绩目标制定不合理，如果考虑到行业的增长，这个指标就应该制定得更高。同时，业绩目标的贡献主要来自老客户和老产品，说明在制定考核指标时，应引导销售团队在新客户和新产品上发力。

关于如何解决这个问题，我结合自身多年咨询与辅导经验提出以下关键举措。

一、建设公平、高效的价值评价体系

价值评价的公平与高效是有效激励的前提，价值评价体系应该做到以下两点：第一，要有利于高绩效文化的形成，"以企业为中心，以奋斗者为本""不让雷锋吃亏"之类的价值导向要落实到考核制度的操作细节中去；第二，考核体系要客观公正，不能提出不切实际的目标，也不能过于保守。

正确、客观、合理地评价人才和工作结果是确保员工长期奋斗的基础。这一切都始于有效的评价与考核体系。企业需要合理设计考核指标，正确衡量工作成果，既要考虑责任结果评价，也要评价关键行为，以此综合评价价值。图 9-2 是华为的价值评价公式。

图 9-2　华为的价值评价公式

首先，责任结果评价关注的是员工"创造了多少价值"。以销售岗位为例，这通常通过销售额、回款和利润等直接指标来衡量。

这些指标直观地反映了销售人员的工作成果和对公司财务状况的贡献。

其次，关键行为评价关注的是那些虽然不能直接转化为销售额或利润，但对公司长远发展具有重要影响的员工行为。这些行为可能包括开拓新市场、邀请潜在客户参观公司、参与重大项目的公关活动、组织大型市场活动或与客户建立重要合作关系等。

关键行为指标的确立通常来源于长期的项目经验梳理和对项目目标的深入理解。例如，对于一个销售项目，如果其平均落单周期是 2 年，那么邀请客户某部门的关键决策人到公司参观考察可能被视为一个关键行为。这个行为虽然可能不会立即带来销售额或利润，但它对于建立长期合作关系、提升品牌形象和市场地位，以及促进长期增长具有重要的意义。

华为还使用 PBC 作为绩效管理的工具（见表 9-1）。PBC 样例中不仅包括销售目标和市场目标，还包括关键行为指标。这种综合评价体系能够全面反映销售人员的工作表现，确保他们的努力和贡献得到公正的评价和认可。

表 9-1　销售人员 PBC 样例

类别	PBC 考核要素	权重	评价规则
销售目标（60%）	总体目标完成率	50%	得分 = 权重 × 完成率 ×100，完成率≥100% 为满分
	总体增长率	10%	下降 10% 为 0 分，增长 10% 为 10 分，中间线性得分

（续）

类别	PBC 考核要素	权重	评价规则
市场目标 （20%）	××区域医疗行业企业突破	20%	得分＝权重×完成率×100，完成率≥100% 为满分
关键行为指标 （20%）	××产品渠道拓展	5%	1 家以上产品渠道签约
	××行业渠道拓展	5%	与 1 家以上××渠道有成功项目合作
	精细化营销基础工作	10%	主要包括高层企业关系提升、营销活动、重大项目规范运作（立项、简报、项目分析会纪要）、组织建设等

二、基于业务需求设定考核指标

那么，如何设定考核指标，以便有效地促进业务的健康发展？关键在于紧密结合业务发展的具体需求。对销售团队而言，这意味着在制定业绩目标时，不仅要遵循 To B 销售的基本规律，还要着眼于开拓新市场、新企业，并持续强化团队建设。表 9-2 是一个通用版本的销售部门绩效目标表。

想要为销售部门基于业务需求设定考核指标，需要清晰地描述组织的战略目标。在华为，这一过程通常使用平衡计分卡工具，从财务、客户、内部运营和学习与成长四大维度全面制定企业的考核标准。

首先，确定财务目标，财务目标主要考核部门给股东提供的最终价值。财务目标比重最大的是销售收入，还考核老客户老项目、老客户新项目、新客户销售三个维度的增长贡献率。这样的目标设定旨在引导销售人员开发新业务和新市场。如果这三个维度没有达成目标则会扣分，严重影响考核结果。

表 9-2 销售部门绩效目标表（样例）

分类	权重	KPI指标	权重（100%）	全年目标			实际完成结果	得分	数据统计部门	指标定义部门	指标统计周期
				底线（60%）	达标（100%）	挑战（120%）					
财务	40%	销售收入	20%	6.4亿元（含20%新产品）	8亿元（含20%新产品）	9.6亿元（含20%新产品）			销售部	财务部	年度
		老客户老项目增长贡献率	5%	10%	20%	/			销售部	销售部	年度
		老客户新项目增长贡献率	5%	10%	20%	40%			销售部	销售部	年度
		新客户销售增长贡献率	10%	10%	20%	40%			销售部	销售部	年度
客户	40%	重点目标客户高层访问我司高层的比例	5%	10%	20%	30%			销售部	销售部	年度
		重点目标客户新项目成交比例	10%	4%	8%	12%			销售部	销售部	年度
		重点目标客户核心产品线机会识别和突破比例	10%	6%	12%	18%			销售部	销售部	年度
		公司级目标客户突破数	10%	1个	2个	3个			销售部	销售部	年度
		重点已成交客户高层访问我司高层的比例	5%	10%	20%	30%			销售部	销售部	

（续）

分类	权重	KPI指标	权重（100%）	全年目标			实际完成结果	得分	数据统计部门	指标定义部门	指标统计周期
				底线（60%）	达标（100%）	挑战（120%）					
内部运营	10%	通过市场活动开拓有效新客户数	5%	50个	100个	150个			销售部	销售部	年度
		重点客户来访达成合作项目目标数	5%	3个	4个	5个			销售部	销售部	年度
学习与成长	10%	新人考核通过率	2%	60%	80%	100%			销售部	销售部	年度
		销售员（入职6个月以上）合格比例	3%	60%	80%	100%			销售部	销售部	
		销售培训合格率	5%	80%	90%	100%			销售管理部	销售管理部	年度

其次，确定客户目标，主要关注部门是否满足核心客户的需求，包括老客户挽留率、新客户获得率、客户满意度、从客户处获得的利润率等。在客户目标上，华为采用五个指标衡量，包括重点目标客户高层访问我司高层的比例、重点目标客户新项目成交比例、重点目标客户核心产品线机会识别和突破比例、公司级目标客户突破数，以及重点已成交客户高层访问我司高层的比例。这五个指标都紧贴业务需求，导向性十分明确。

再次，确定内部运营目标。这些目标应以对客户满意度和财务目标影响最大的业务流程为核心，包括产品改良与创新的流程、经营过程和售后服务的过程。在内部运营层面，考核指标为通过市场活动开拓有效新客户数和重点客户来访达成合作项目数。这两个指标的作用在于"增加土壤肥力"，为业务的长期增长打好基础。

最后，确定学习与成长目标，这些目标为其他三个维度的宏大目标提供基础。增加对企业学习和成长能力的投资，虽然在短期内会增加财务成本，但打造学习型组织将为企业的长远发展带来动力。在学习与成长层面，考核重点是团队的建设，特别是新人招聘与培训。这旨在引导销售部门不断优化团队配置，提升销售人员的战斗力。

通过梳理以上目标，可以逐步填充销售部门绩效目标表，确保考核指标与企业战略目标紧密结合，有效促进业务的健康发展。

　　在销售部门绩效目标表中，每个考核项的权重反映了其在整体评估中的重要程度。全年目标的达成情况大致分为底线（60%）、达标（100%）、挑战（120%），这表示达到不同的目标水平将对应不同的激励政策。在华为，如果员工希望获得较高的绩效评级，如 B+ 或 A，他们需要达到"达标"或"挑战"水平。

　　在编写完销售部门绩效目标表后，我们需要统一检查各考核项的权重是否分配合理，并确保各个层面之间相互独立但相互支持，共同推动整体战略目标的实现。同时，这些目标需要根据业务类型、行业特点、本年度公司重点工作进行调整。例如，本年度销售部门的重点工作包括：

- 重点企业项目跟进
- 重点企业高层互访
- 组织建设
- 推动销售管理部工作

　　当部门绩效落实到销售经理身上，该如何实现？表 9-3 是某区域销售经理的绩效考核承诺书，是表 9-2 细化后的结果。

　　让我们将销售部门的重点工作细化，销售经理需要完成销售与市场目标，同时承担团队建设的工作，一般来说，越高层级的管理者，所承担的组织目标任务越多。

表 9-3　某区域销售经理绩效承诺书样例

×××公司 2024 年度绩效承诺书

| 岗位 | | 姓名 | |

责任书声明

声明：我知悉并认可公司《薪酬管理制度》《绩效管理制度》及其他相关制度的规定，对本绩效承诺书中的内容无异议。

承诺：我接受并愿意承担公司区域销售经理职位，承诺遵照公司战略规划、业务策略、发展要求和工作计划等相关要求，与团队成员同心协力，达成如下目标：

2024 年年度分管工作目标

详见 2024 年公司经营计划目标相关要求

年度 KPI 指标考核　占比 100%，指标数量不超过 8 项

考核项目	考核板块	KPI指标	权重	年度目标	考核指标说明	数据来源部门	考核得分	加权得分
销售	销售目标达成率	A	20%	销售目标×××万元：1.销售目标完成率低于60%，此项不得分；2.销售目标完成率高于60%（含），按照实际完成率得分。如完成率65%得65分，完成100%得100分；3.销售目标完成率高于100%，每超过1%，加1分，上不封顶	合同签约金额	商务部		
		B	15%	销售目标×××万元：1.销售目标完成率低于60%，此项不得分；2.销售目标完成率高于60%（含），按照实际完成率得分。如完成率65%得65分，完成100%得100分；3.销售目标完成率高于100%，每超过1%，加1分，上不封顶	合同签约金额	商务部		
		C	10%	销售目标×××万元：1.销售目标完成率低于60%，此项不得分；2.销售目标完成率高于60%（含），按照实际完成率得分。如完成率65%得65分，完成100%得100分；3.销售目标完成率高于100%，每超过1%，加1分，上不封顶				

（续）

考核项目	考核板块	KPI指标	权重	年度目标	考核指标说明	数据来源部门	考核得分	加权得分
销售	销售目标达成率	D	10%	销售目标×××万元： 1. 销售目标完成率低于60%，此项不得分 2. 销售目标完成率高于60%（含），按照实际完成率得分。如完成65%得65分，完成100%得100分 3. 销售目标完成率高于100%，每超过1%，加1分，上不封顶	按会计准则（验收确认收入）	财务部		
	回款目标达成率	E	10%	销售回款目标×××万元： 1. 回款目标完成率低于90%，此项不得分 2. 回款目标完成率高于90%（含），按照实际完成率得分 3. 回款目标完成率低于100%，此项满分	按当年度下单合同订单回款计入	商务部		
市场	重点行业客户突破	某行业TOP20开拓完成率	5%	1. 签约完成率低于50%（不含），此项不得分 2. 签约完成率不低于50%，按比例得分 3. 签约完成率不低于100%，此项满分	按当年度合同签订时间计算	商务部		
		开拓10个重点城市	5%	1. 签约完成率低于50%（不含），此项不得分 2. 签约完成率不低于50%，按比例得分 3. 签约完成率不低于100%，此项满分	按当年度合同签订时间计算	商务部		
	渠道开发	开拓某行业客户"100家"	5%	1. 签约完成率低于50%（不含），此项不得分 2. 签约完成率不低于50%，按比例得分 3. 签约完成率不低于100%，此项满分	按当年度合同签订时间计算	商务部		
		开拓×××规模以上渠道10家	10%	1. 签约完成率低于50%（不含），此项不得分 2. 签约完成率不低于50%，按比例得分 3. 签约完成率不低于100%，此项满分	按当年度合同签订时间计算	商务部		

（续）

考核项目	考核板块	KPI指标	权重	年度目标	考核指标说明	数据来源部门	考核得分	加权得分
团队管理	团队人员培养	培训完成率90%，考试合格率80%	10%	按指标数据考核	按指标数据考核	人力资源部		
关键负向事件	回款坏账损失	当年度回款损失金额和损失次数	扣分项，该项无占比	重点关注因销售人员负责的客户未回款发生的坏账损失（以财务坏账计提作为统计数据），每发生1 000元，扣5分，若产生坏账损失，该项不封顶	按会计准则（坏账挂账）	财务部		
		当年度销售预测备料引起的呆滞损失金额	扣分项，该项无占比	重点关注因销售损失计提产生的实际呆滞损失（以财务实际呆滞计提数据），每发生1 000元，扣5分，上不封顶	按会计准则（呆滞计提100%）	财务部		
总计			100%	年终绩效最终得分				

注：
1. 考核指标、目标和考核方法解释权归公司所有，如遇岗位调整或不可抗因素，须提前申请考核项变更。
2. 季度目标由承诺人根据年度目标进行分解，并征得主管领导同意。
3. 承诺人参照本绩效要求与分管部门相关负责人签订目标分解责任书，并提交企管部，报人力资源部备案。
4. 本绩效承诺书正本一式三份，承诺人与主管各执一份，双方签字（盖章）后生效，人力资源部留存一份备案。

主管领导签字：＿＿＿＿＿＿＿＿＿＿　　　　承诺人签字：＿＿＿＿＿＿＿＿＿＿

日期：　　　　　　　　　　　　　　　　　　日期：

第二节   赏罚分明，导向胜利的激励制度设计

任正非曾指出，企业持续发展的动力不是人才的问题，而是利益分配的问题。企业活力的激发，在很大程度上依赖于利益的驱动。华为员工能够并愿意持续奋斗，最重要原因就是华为有合理的激励制度。这种激励具体体现为各种形式的利益分配。

在进行利益分配之前，企业首先要做好公平公正的考核评价。如图9-3所示，华为每个季度会对员工进行评价后得出考核结论，考核结果分为5级，每级都有明确的评价标准和比例控制要求。A级为杰出贡献者，他们不仅会获得物质奖励，还有优先提拔的机会；B+级为优秀贡献者，是重点培养对象；B级为扎实贡献者，是组织的重要支撑；C级为较低贡献者，自身需要改进。季度考核评价为C级的员工就要注意了，因为如果下个季度还是C级的话，就会被淘汰。也就是说，在华为如果连续两个季度的考核评价为C级，就会被淘汰。考核评价为D级的员工，其表现不可接受，将立即被淘汰。

确保每个为组织做出价值贡献的人都能得到合理的回报，让他们感受到公平公正，这样他们就会有持续奋斗的动力，不断创造优异的业绩。这种正循环的形成，使得公司上上下下所有人员都在努力。这种力量是惊人的，能够推动公司取得商业成功。华为的实践充分证明了激励在推动公司发展中的重要作用。

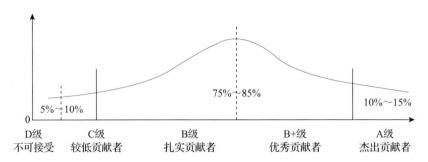

图 9-3　华为评价等级和比例控制要求

　　如图 9-4 所示，华为的价值分配手段包括物质激励与非物质激励，价值分配对象涵盖个人和组织。华为的激励强调全面的回报。在个人物质激励层面，包括工资、奖金、股权等多种经济利益。值得一提的是华为的退休政策。一般来说，在华为工作满 15 年且年龄达到 45 岁以上的员工可以申请退休。退休后，员工股份依然保留，每年可以按照股份获得分红，这是一份不菲的收入，可以让员工离开公司以后依然有不错的生活保障。

　　在华为，员工如果工作表现优异，每年都可以获得加薪，甚至可能一年加 2～3 次。华为的年终奖平均占员工年度总收入的 30% 左右，奖金数额与所属部门和个人的年度绩效考核紧密相关，差异显著。绩效考核为 A 级的员工，可能拿到相当于十几个月工资或者更多的奖金；绩效考核为 B 级和 B+ 级的员工，可能只有几个月的奖金；绩效考核为 C 级和 D 级的员工，可能没有奖金或者奖金极少。

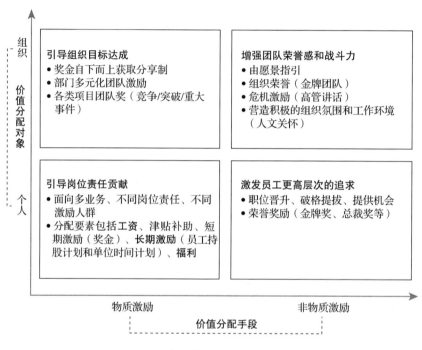

图 9-4   华为的物质激励与非物质激励

员工配股也是一样。华为每年有配股额度，与所属部门和个人的年度绩效考核紧密相关，员工之间充分拉开差距。优秀员工可以配几万股，而绩效不佳的员工就没有配股。

华为激励制度的基本原则是"以奋斗者为本"，激励那些冲锋在前的奋斗者。任正非认为，只要前面这批人是冲锋的，对他们的激励到位了，剩下的人就会前赴后继地跟上，我们就会越打越强。

华为针对销售团队的物质激励也遵循"以奋斗者为本"的原则。华为根据项目利润的管控要求，留出一部分作为团队激励奖金包。团队可以根据成员各自的贡献分配这部分奖金，实现论功行赏。当然，公司层面会给出一个可供参考的分配方案，但具体如何分配，可以由项目负责人进行灵活调配。参与分配的人员不仅仅是销售人员，还有售前人员、交付人员、市场人员等，这样"以企业为中心"的要求通过考核和激励传递给了所有员工。

同时，华为通过设置项目奖等方式即时激励团队和个人。在地震、海啸、核泄漏事件以及战争等危急时刻，事发地总是能看到华为人的身影，他们不惧危险，坚持工作。在局面稳定之后，华为会发放项目奖，以奖励团队的辛勤工作和卓越贡献。

除物质激励之外，华为也采用非物质激励，包括提供机会、晋升职位、奖励荣誉等。公司强调：对员工而言，最大的非物质激励就是得到机会。事实确实如此，人才需要一个平台来展现自我。当年我也是赶上了华为在国际市场大发展的机遇，作为数据通信产品线的第一波市场开拓人员，有了发挥自己能力的机会，从而历任马来西亚销售总监、印度销售总监、亚太区销售总监、国际部渠道负责人等，并被国际部授予员工最高荣誉——金牌员工。当时国际部有300余人，仅评定了2位金牌员工。这么多年过去了，我始终记得这份荣耀，这就是非物质激励的作用。

当然，除了正向激励还有负向激励。对表现不理想的员工，华为会进行负向激励，如降级、降职、免职、年终奖归零、股票冻结等。如果该员工在考核期内取得了不错的成绩，依然可以恢复原来的岗位、职级和待遇。如图 9-5 所示，华为正负结合的激励机制既能够激励员工不断进步，又能够对表现不佳的员工进行适当的约束和纠正。

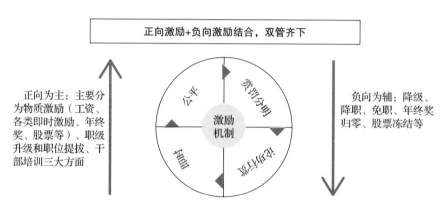

图 9-5 华为正负结合的激励机制

值得注意的是，负向激励有时会与正向激励结合，如华为有名的"从零起飞奖"。2013 年，华为对取得重大突破但没有完成年度目标，自愿放弃年终奖的部门负责人颁发了"从零起飞奖"，奖品是中国首架舰载战斗机歼 –15 模型，以此肯定他们的勇于担当。

总之，华为的考核和激励机制是在充分考虑人性的基础上构建的。它一方面能让"火车头""千里马"跑起来，另一方面能够自动淘汰落后分子。这种机制使得团队始终保持生机勃勃的状态，能够对抗组织惰性，十分值得我们学习和借鉴。